La oración en armonía con Dios

EDITORIAL PENIEL
Boedo 25
Buenos Aires, C1206AAA
Argentina
Tel. 54-11 4981-6178 / 6034
e-mail: info@peniel.com | *Diseño de cubierta e interior:*
www.peniel.com | ARTE PENIEL • arte@peniel.com

Publicado originalmente en inglés con el título:
With Christ in the School of Prayer by Andrew Murray
Este texto es de dominio público.

Murray, Andrew
La oración en armonía con Dios . - 1a ed. - Buenos Aires : Peniel, 2010.
    176 p. ; 17x11 cm.
    Traducido por: Ronald Barba
    ISBN 10: 987-557-293-4
    ISBN 13: 978-987-557-293-5
    1. Oraciones. I. Barba, Ronald, trad. II. Título
    CDD 242

Impreso en Colombia / Printed in Colombia

LA ORACIÓN
en armonía con Dios

Cuando Dios y el hombre tocan la misma música

Andrew Murray

PENIEL

Buenos Aires - Miami - San José - Santiago
www.peniel.com

Índice

I

"Yo sabía que siempre me oyes"

Padre, gracias te doy por haberme oído.
Yo sabía que siempre me oyes.
−Juan 11:41-42

Mi hijo eres tú yo te engendré hoy…
Pídeme, y te daré.
−Salmos 2:7-8

En el Nuevo Testamento encontramos una distinción hecha entre la fe y el conocimiento. *"Pues a uno le es dada palabra de **sabiduría** por el Espíritu; a otro, palabra de **conocimiento** según el mismo Espíritu; a otro, **fe** por el mismo Espíritu"* (1 Corintios 12:8-9, énfasis añadido). En un hijo o en un creyente puede haber mucha fe con poco conocimiento. La simplicidad infantil acepta la verdad sin dificultad, y a menudo le importa poco darse a sí mismo o a otros cualquier motivo o razón de su fe, excepto esto:

Dios lo dijo. Y es la voluntad de Dios que nosotros lo amemos y lo sirvamos, no solo con todo el corazón, sino también, con toda la mente; que podamos crecer en la divina sabiduría y belleza de todos sus caminos, sus palabras y sus obras. Solo de esta manera el creyente será totalmente capaz de acercarse y de adorar correctamente la gloria de la gracia de Dios. Y solo de esta manera nuestros corazones pueden inteligentemente llegar a conocer los tesoros de la sabiduría y del conocimiento que hay en la redención, y pueden estar preparados para entrar plenamente en la nota más alta de la canción que se levanta delante del trono: "*¡Oh, profundidad de las riquezas de la sabiduría y de la ciencia de Dios!*" (Romanos 11:33).

En nuestra vida de oración esta verdad tiene una total aplicación. Mientras que la oración y la fe son tan simples que el recién convertido puede orar con poder, la verdadera ciencia cristiana encuentra en la doctrina de la oración algunos de sus problemas más profundos. ¿Hasta dónde el poder de la oración es una realidad? Si es así, ¿cómo puede Dios conceder a la oración tan enorme poder? ¿Cómo puede la acción de la oración estar en armonía con la voluntad y los decretos de Dios? ¿Cómo pueden estar reconciliadas la soberanía de Dios y nuestra voluntad, la libertad de Dios y la nuestra?

Estas y otras preguntas similares, son temas apropiados para la meditación y la investigación cristianas. Cuanto más seriamente y con reverencia nos acercamos a tales misterios, más vamos a postrarnos maravillados delante de Él para adorarlo, para alabar a quien dio al hombre tan grande poder mediante la oración.

Una de las dificultades secretas con respecto a la oración, un problema que aunque no sea expresado, a menudo realmente puede estorbar a la oración, se deriva de la perfección de Dios en su absoluta independencia de todo lo que está fuera de Él. ¿No es Él, el Ser Infinito, quien debe todo lo que es a Él mismo, quien se determina a sí mismo, y cuya sabia y santa voluntad ha determinado todo lo que tiene que ser? ¿Cómo puede la oración influenciarlo, o por la oración ser movido a hacer lo que de otra manera no sería hecho? ¿No es la promesa de una respuesta a la oración simplemente una condescendencia hacia nosotros? ¿Es lo que se dice del enorme poder de la oración, algo más que una adaptación a nuestro modo de pensar, debido a que la deidad nunca puede ser dependiente de ninguna acción sin una razón para hacerlo? ¿Y no es la bendición de la oración simplemente la influencia que ejercita sobre nosotros?

En la búsqueda de una respuesta para estas preguntas, encontramos la clave en el mismo ser de Dios, en el misterio de la Santa Trinidad. Si Dios fuera una sola persona, encerrado en sí mismo, no podría haber ningún pensamiento de cercanía hacia Él o de influencia sobre Él. Pero en Dios hay tres personas. En Dios tenemos al Padre y al Hijo, quienes tienen en el Espíritu Santo su lazo viviente de unidad y comunión.

Cuando el amor eterno engendró al Hijo, y el Padre dio al Hijo como a la segunda persona, un lugar próximo a Él como su igual y su consejero, había un camino abierto para la oración y su influencia en lo más profundo de la vida de la Deidad. Así como en la tierra, en el cielo, toda la relación entre el Padre y el Hijo es una relación de dar y tomar. Y si ese tomar es tan voluntario, como el dar, debe haber por parte del Hijo un pedir y recibir. En la santa comunión de las personas divinas, este pedir del Hijo era una de las grandes operaciones de la triple y bendita vida de Dios. De aquí tenemos en el Salmo 2:7-8: "*Mi hijo eres tú, yo te engendré hoy. Pídeme, y te daré*". El Padre dio al Hijo el lugar y el poder de actuar en Él. El pedir del Hijo no era una simple muestra ni tampoco una sombra, sino uno de aquellos movimientos en los que el amor del Padre y el Hijo se encontraban y se completaban el uno al otro.

El Padre había determinado que no estaría solo en su consejo: había un Hijo en cuyo pedir y aceptación dependería su cumplimiento. Y por eso, había en el mismo ser y vida de Dios un pedir del cual la oración en la tierra tenía que ser el reflejo y la salida. Y recordemos que Jesús dijo: "*Yo sabía que siempre me oyes*". Así como la relación de Hijo de Jesús en la tierra, no puede ser separada de su relación de Hijo en el cielo, así también su oración en la Tierra es la continuación y el complemento de su pedir en el cielo. La oración del hombre Jesucristo es el eslabón entre el pedir eterno del Hijo unigénito en el seno del Padre y la oración de los hombres en la tierra. La oración tiene su ascensión y su fuente más profunda en el mismo ser de Dios. En el seno de la deidad nada puede hacerse sin oración, el pedir del Hijo y el dar del Padre[1].

Esto puede ayudarnos de alguna manera a entender cómo la oración del hombre, que llega a través del Hijo, puede tener efecto en Dios. Los decretos de Dios no son decisiones hechas por Él sin referencia al Hijo, o a su petición, o a la petición que será enviada por medio de Él. De ningún modo. El Señor Jesús es el unigénito, la cabeza y el heredero de todas las cosas: todas las cosas fueron creadas *por medio de él* y *para él*, y todas las cosas consisten *en él*. En los consejos del Padre, el Hijo, como representante de toda la creación, siempre tuvo una voz. En los decretos del propósito eterno siempre hubo lugar para la libertad del Hijo como mediador e intercesor, y así también por las peticiones de todos los que se acercan al Padre en el Hijo.

Y si viene el pensamiento de que esta libertad y este poder del Hijo para actuar sobre el Padre están en desacuerdo con la inmutabilidad de los decretos divinos, no olvidemos que Dios no tiene como el hombre, un pasado al cual esté irrevocablemente ligado. Dios no vive en el tiempo con su pasado y su futuro; las distinciones del tiempo no tienen ninguna relación con Aquel que vive en la eternidad. Y la

---

1   *"Dios escucha la oración"*. El concepto más simple de la oración es tomado de toda *La Escritura*. No se refiere al reflejo de la influencia de la oración en nuestro corazón y en nuestra vida, aunque ampliamente muestra la conexión entre la oración como una acción y como un estado. Más bien establece con gran precisión el objetivo o los verdaderos propósitos de la oración, para obtener la bendición, los dones, y la liberación por parte de Dios. Jesús dice: *"Pedid, y se os dará"*.

eternidad es un ahora actual, en la cual el pasado nunca es pasado, y el futuro es siempre el presente.

Para conocer nuestras debilidades humanas, *La Escritura* habla de decretos pasados y de un futuro que viene. En realidad, la inmutabilidad del consejo de Dios siempre está en perfecta armonía con la libertad para hacer en absoluto todo lo que quiere hacer. Y las oraciones del Hijo y de su pueblo son llevadas a los decretos eternos, y el efecto no es solo aparente, sino que el corazón del Padre se mantiene abierto y libre para escuchar cada oración que se levanta a través del Hijo, y que Dios, de hecho, se permite a sí mismo decidirse por la oración, a hacer lo que de otra manera no hubiera hecho.

La perfecta armonía y la unión de la soberanía divina con la libertad humana es para nosotros un misterio inescrutable, porque Dios como **el Eterno** sobrepasa todos nuestros pensamientos. Que sea nuestro consuelo y nuestra fuerza el estar seguros de que el poder de la oración tiene su origen y su seguridad, en la comunión eterna del Padre con el Hijo, y que por nuestra unión con el Hijo, nuestra oración es levantada y puede tener su influencia en la vida interior de la bendita Trinidad.

Los decretos de Dios no son armazones de hierro contra las cuales la libertad del hombre vanamente buscaría luchar. No. Dios mismo es el amor viviente, quien en su Hijo como hombre ha entrado en la más tierna relación con todo lo que es humano, quien por medio del Espíritu Santo lleva todo lo que es humano a la vida divina, y quien es libre para dar a cada oración humana, su lugar en el gobierno que Él tiene del mundo.

Es en la luz del amanecer de tales pensamientos que la doctrina de la Trinidad ya no es más una especulación abstracta, sino la viva manifestación del camino en el cual fue posible para el hombre el hecho de ser aceptado en la comunidad de Dios, y que su oración se convirtiera en un verdadero factor en el gobierno de Dios sobre esta tierra. Y podemos, como en la distancia, vislumbrar la luz que desde el mundo eternal brilla en palabras como estas: "*porque* **por medio de él** *los unos y los otros tenemos entrada* **por un mismo** *Espíritu* **al Padre**" (Efesios 2:18, énfasis añadido).

"Señor, enséñanos a orar"

¡Dios eterno! ¡El Dios Trino! Con profunda reverencia y con el rostro cubierto adoraría delante del santo misterio de tu divino ser. Y si te place, oh, tan glorioso Dios, descubrir algo de ese misterio, me inclinaría con temor y temblor para no pecar contra ti, al meditar en tu gloria.

¡Padre! Te agradezco porque llevas este nombre, no solo como el Padre de tus hijos aquí en la tierra, sino como habiendo subsistido desde la eternidad como el Padre de tu Hijo unigénito. Te agradezco porque como Padre puedes escuchar nuestras oraciones, porque desde la eternidad, tú has dado un lugar en tus propósitos a pedido de tu Hijo. Te agradezco porque pudimos ver en Él en la Tierra la bendita comunión que Él tenía contigo en el cielo; y cómo desde la eternidad en todos tus propósitos y decretos, ha habido un lugar para sus oraciones y para las respuestas a sus oraciones. Y te agradezco sobre todo, que por medio de su verdadera naturaleza humana en tu trono celestial, y por medio del Espíritu Santo en nuestra naturaleza humana aquí, se haya abierto un camino para que cada clamor de la necesidad humana pueda ser llevado hacia lo alto, y pueda tocar la vida y el amor de Dios y recibir en respuesta, absolutamente todo lo que pueda pedir.

¡Bendito Jesús! Como el Hijo, en quien el camino de la oración ha sido abierto, y quien nos da la seguridad de la respuesta, te rogamos, enseña a tu pueblo a orar. Permite que cada uno de nuestros días sea una señal de que somos hijos, para que, como tú, sepamos que el Padre siempre nos escucha. Amén.

NOTA

"Aunque la reflexión pueda ser cierta y valiosa, en cuanto a que Dios, previendo y preordenando todas las cosas, también ha previsto y preordenado nuestras oraciones como eslabones en la cadena de eventos de causa y efecto, como un poder real; sin embargo, estamos convencidos de que esta no es la luz en la que la mente puede encontrar paz en este gran asunto. Tampoco pensamos que aquí está el poder atractivo para acercarnos en oración. Sentimos, más bien, que tal reflexión desvía la atención del tema de donde viene el impulso, la vida y la fuerza de la oración. El Dios viviente, contemporáneo y no solamente eterno[2], el vivo, misericordioso y santo, el Dios que se manifiesta al alma, el Dios que dice: "Buscad mi rostro", este es el imán que nos atrae, solo esto puede abrir el corazón y los labios...".

"En Jesucristo el Hijo de Dios, tenemos la solución completa de la dificultad. Él oró en la Tierra, y no simplemente como hombre, sino como el Hijo de Dios encarnado. Su oración en la tierra es solo la manifestación de su oración desde toda la eternidad, cuando en el consejo divino fue establecido como el Cristo... El Hijo fue designado para ser el heredero de todas las cosas. Desde toda la eternidad el Hijo de Dios fue el camino, y el mediador. Él estaba desde la eternidad hablando con el Padre en nombre del mundo"[3].

---

2   ¿No debería ser más bien contemporáneo, porque es eterno, en el verdadero significado de esta última palabra?
3   SAPHIR, *The Hidden Life* (La vida escondida), cap. 6. Vea también *The Lord's Prayer* (La oración del Señor), p. 12.

2

"¿De quién es esta imagen?"
o, la oración en armonía con el destino del hombre.

*Entonces les dijo: ¿De quién es esta
imagen, y la inscripción?*
–Mateo 22:20

*Entonces dijo Dios: Hagamos al hombre a nuestra
imagen, conforme a nuestra semejanza.*
–Génesis 1:26

¿*De quién es esta imagen?* Fue por esta pregunta
que Jesús frustró a sus enemigos, cuando ellos
pensaron en atraparlo y tocaron el tema de la responsabilidad con respecto al tributo. La pregunta y el principio
que esto involucra son de aplicación universal. En ninguna parte es más cierto que en el mismo hombre. La
imagen que el hombre lleva decide su destino. Al llevar
la imagen de Dios, pertenece a Dios: fue creado para orar

a Dios. La oración es parte de la maravillosa semejanza que tiene con respecto a su original divino; del profundo misterio de la comunión del amor en el cual el Dios trino tiene sus bienaventuranzas, la oración es la imagen y la semejanza terrenal.

Cuanto más meditamos en lo que la oración es, y en el maravilloso poder que ella tiene con Dios, más nos sentimos forzados a preguntar quién y qué es el hombre, para que ese lugar en el consejo de Dios fuera asignado a Él. El pecado lo degradó tanto, que de lo que es ahora, no podemos formar ningún pensamiento de lo que realmente debería ser. Debemos regresar a los registros de Dios sobre la creación del hombre para descubrir allí cuál era el propósito de Dios, y cuáles fueron las capacidades con las que el hombre fue dotado para el cumplimiento de ese propósito.

El destino del hombre aparece claramente en el lenguaje de Dios en la creación. Su destino era *llenar, subyugar* y *tener dominio* sobre la Tierra y sobre todo lo que hay en ella. Las tres expresiones nos muestran que el hombre fue creado como representante de Dios, para sostener el gobierno aquí en la tierra. Como el virrey de Dios, estaba para llenar el lugar de Dios: el hombre sujeto a Dios, estaba para mantener todo lo demás en sujeción a Él. Era la voluntad de Dios que todo lo que tenía que hacerse en la tierra, tenía que ser hecho a través del hombre: la historia de la Tierra estaba enteramente en sus manos.

De acuerdo con tal destino estaba la posición que tenía que ocupar, y el poder que tenía a su disposición.

Cuando un líder terrenal envía a un virrey a una provincia lejana, se entiende que aconseja cómo deberán ser adoptadas las políticas correspondientes, y que ese consejo es llevado a cabo.

Que está en libertad para solicitar el ingreso para las tropas y los otros medios necesarios para llevar a cabo la política o el mantenimiento de la dignidad del imperio. Si su política no es aprobada, es llamado a darle el lugar a algún otro que entienda mejor sus deseos de soberanía, y mientras sea confiable, ese consejo será llevado a cabo. Como representante de Dios el hombre debía gobernar; todo tenía que ser hecho bajo su gobierno y voluntad; según su consejo y su petición el cielo habría concedido su bendición sobre la tierra. Su oración habría sido el maravilloso canal, aunque simple y muy natural, en el cual la comunión entre el Rey del cielo y su fiel siervo, el hombre, como señor de este mundo, tendría que mantenerse. Los destinos del mundo fueron dados en el poder de los deseos y de la voluntad, por medio de la oración del hombre.

Con el pecado todo esto experimentó un cambio terrible: la caída del hombre puso a toda la creación bajo la maldición. Con la redención el principio fue visto como una gloriosa restauración. Tan pronto Dios empezó en Abraham a formar para sí un pueblo del cual saldrían reyes, además del Gran Rey, es que empezamos a ver el poder que tiene la oración del fiel siervo de Dios, para decidir los destinos de los que entran en contacto con Él. En Abraham vemos que la oración no es solo el medio para obtener bendición para nosotros, sino el ejercicio de su privilegio real para influenciar los destinos del hombre y la voluntad de Dios que gobierna estos destinos. No encontramos a Abraham orando alguna vez por sí mismo. Su oración por Sodoma y por Lot, por Abimelec, y por Ismael, probaron el poder que tiene un hombre, amigo de Dios, para modificar la historia de aquellos que lo rodean.

Este ha sido el destino del hombre desde el principio. *La Escritura* no solo nos dice esto, sino también nos enseña cómo fue que Dios pudo dejar al cuidado del hombre un llamado tan alto. Fue porque Él lo había creado *a su propia imagen y semejanza*. Él no estaba obligado al gobierno exterior sin la capacidad interior: el hecho de llevar la imagen de Dios para tener dominio, para ser señor de todo, tenía sus raíces en su semejanza interior, en su naturaleza. Había un acuerdo y una armonía interior entre Dios y el hombre, y una semejanza naciente, que le daba al hombre una capacidad real para ser el mediador entre Dios y su mundo, porque Él sería el profeta, el sacerdote y el rey, para interpretar la voluntad de Dios, para representar a las necesidades de la naturaleza, y para recibir y distribuir la generosidad de Dios.

Al llevar la imagen de Dios podía llevar el gobierno de Dios; de hecho, en mucho Él era como Dios, con mucha capacidad para entrar en los propósitos de Dios, y para llevar a cabo sus planes; y Dios podía confiarle el maravilloso privilegio de pedir y obtener lo que el mundo pudiera necesitar.

Y aunque el pecado, por un tiempo había frustrado los planes de Dios, la oración todavía guarda lo que hubiera sido si el hombre nunca hubiera caído: la prueba de la semejanza del hombre, el vehículo para su comunión con el Infinito e Invisible, el poder que es concedido para sostener la mano que sostiene los destinos del universo.

La oración no es simplemente el clamor del que suplica por misericordia, sino la más alta demostración de su voluntad por el hombre, sabiendo que es de origen divino, creado para y capaz de ser, con la libertad de un rey, el ejecutor de los propósitos de lo eterno.

Lo que el pecado destruyó, la gracia lo restauró. Lo que el primer Adán perdió, el segundo volvió a ganarlo. En Cristo el hombre vuelve a obtener su posición original, y la Iglesia que permanece en Cristo, hereda la promesa: *"Pedid lo que queréis, y os será hecho"* (Juan 15:7). De ningún modo esta promesa, en primer lugar, se refiere a la gracia o a la bendición que necesitamos para nosotros mismos. Se refiere a nuestra posición como ramas frutales de la vid celestial, quienes como Él, vivimos solo para la obra y para la gloria del Padre. Es para aquellos que moran en Él, para quienes han rendido su ego para empezar a hacer su morada en Él con una vida de obediencia y con su autosacrificio. Es para quienes han perdido sus vidas y la han encontrado en Él, y ahora están totalmente entregados a los intereses del Padre y de su Reino.

Estos son quienes entienden de qué manera su nueva creación los ha traído de regreso a su destino original, de qué manera ha restaurado la imagen y la semejanza de Dios, y con ello el poder para tener dominio. Cosas así, tienen el poder, para obtener y distribuir adecuadamente los poderes del cielo aquí en la Tierra. Con una confianza santa, pueden dar a conocer lo que desean: viven como sacerdotes en la presencia de Dios; como reyes, porque los poderes del mundo por venir empiezan a estar a su disposición[4]. Luego entran en el cumplimiento de la promesa: *"Pedid lo que queréis y os será hecho"*.

¡Iglesia del Dios viviente! Tu llamado es más alto y más santo del que conoces. A través de tus miembros, como reyes y sacerdotes para Dios, Él debe gobernar el mundo; las oraciones de ellos conceden y detienen las bendiciones del cielo. En sus escogidos, que no están contentos solo porque ya son salvos, sino que se entregan completamente para que a través de ellos, así como a través del Hijo, el Padre pueda cumplir con todo su glorioso propósito, quienes claman a Él de día y de noche, Dios probaría cuán maravilloso era el destino original del hombre, al ser portador de la imagen de Dios sobre la Tierra.

---

4 "Dios busca sacerdotes entre los hijos de los hombres. El sacerdocio humano es una de las partes esenciales de su plan eterno. El gobierno del hombre sobre la creación es el plan de Dios; y que el hombre mantenga la adoración de la creación es parte de su plan. El sacerdocio es el eslabón entre el cielo y la Tierra, es el canal para la comunión entre el pecador y Dios. Tal sacerdocio, en cuanto a la expiación, está únicamente en las manos del Hijo de Dios; en cuanto a ser el medio de comunicación entre el Creador y la criatura, está en las manos del hombre redimido, es decir, en manos de la Iglesia de Dios. Dios busca reyes. No entre las jerarquías de los ángeles. El hombre caído debe suministrarle los gobernantes para el universo de Dios. Las manos humanas deben empuñar el cetro, y las cabezas humanas deben usar coronas. The Rent Veil (*El velo rasgado*), por Dr. H. Bonar.

Cuando él cayó, todo cayó con él: toda la creación gimió y desfalleció de dolor. Pero ahora que Él ha sido redimido, la restauración de la dignidad original ha empezado.

No hay duda de que el propósito de Dios en cuanto al cumplimiento de su propósito eterno, y a la venida de su reino, depende de aquellos que, permaneciendo en Cristo, estén listos para aceptar su posición en Él como la cabeza, como el gran Sacerdote y Rey. Y que en sus oraciones sean lo suficientemente valientes como para decir que su Dios hará lo que ellos desean. Como portador de la imagen y como representante de Dios sobre la tierra, el hombre redimido, por medio de sus oraciones, tiene que determinar la historia de esta tierra. El hombre fue creado, y ahora ha sido redimido, para orar, y para tener dominio a través de su oración.

"Señor, enséñanos a orar"

"Oh Jehová, ¿qué es el hombre, para que en él pienses, o el hijo de hombre, para que lo estimes?" (Salmo 144:3). Porque: *"Le has hecho poco menor que los ángeles, y lo coronaste de gloria y de honra"* (Salmo 8:5). Tú lo hiciste para que tuviera dominio sobre la obra de tus manos: has puesto todas las cosas bajo sus pies. ¡Oh, Señor, cuán glorioso es tu nombre en toda la Tierra!

¡Señor Dios! Cuán profundamente el hombre ha sido hundido por el pecado. Y cuán terriblemente ha oscurecido su mente, que ni siquiera conoce su destino divino, que es ser tu siervo y representante. ¡Ah!, aún tus hijos cuando sus ojos son abiertos, están tan poco preparados para aceptar su llamado y para buscar tener poder con Dios, para que también tengan poder con los hombres y que los bendigan.

¡Señor Jesús! Es en ti que el Padre ha vuelto a coronar al hombre con gloria y majestad, y has abierto el camino para que seamos lo que tú quieres. ¡Oh, Señor, ten misericordia de tu pueblo, y visita a tu herencia! Obra poderosamente en tu Iglesia, y enseña a tus discípulos a seguir adelante en su real sacerdocio y en el poder de la oración, a la cual has dado tales maravillosas promesas para servir a tu Reino, para tener dominio sobre las naciones, y para hacer el nombre de Dios glorioso en la Tierra. Amén.

3

"Yo voy al Padre"

o, poder para orar y para trabajar.

De cierto, de cierto os digo: el que en mí cree, las obras que yo hago, él las hará también; y aun mayores hará, porque yo voy al Padre. Y todo lo que pidiereis al Padre en mi nombre, lo haré...
–Juan 14:12-13

Así como el Salvador abrió su ministerio público con sus discípulos por medio del Sermón del Monte, así Él lo cerró con el último discurso preservado para nosotros por Juan. En ambos casos habla de la oración más de una vez. Pero con una diferencia. En el Sermón del Monte habla con respecto a los discípulos que recién entran en su escuela, quienes escasamente saben que Dios es su Padre, y cuyas oraciones se refieren principalmente a sus necesidades personales. En su discurso final, habla a los discípulos cuyo tiempo de entrenamiento llega a su fin, y quienes están preparados como sus mensajeros para tomar el lugar y la obra del Señor. En el caso anterior, la lección principal es: sé como un niño, ora creyendo, y confía en que el Padre te dará todas las cosas buenas. Aquí se refiere a algo más grande: ellos ahora son sus amigos a quienes ha hecho conocer todo lo que Él ha escuchado del Padre; sus mensajeros, quienes han entrado en sus planes, y en cuyas manos es confiado el cuidado de su obra y de su reino en la Tierra. Ahora ellos saldrán para hacer las obras de Dios, y en el poder de su próxima exaltación, aún mayores obras: ahora la oración será el canal por el cual ese poder será recibido para su obra. Con la ascensión de Cristo al Padre, empieza una nueva época para sus obras y sus oraciones.

Vea cuán claramente aparece esta conexión en nuestro texto. Así como su Cuerpo aquí en la Tierra, aquellos que son uno con Él en el cielo, harán obras más grandes de las que Él hizo; sus éxitos y sus victorias serán mayores. Para esto menciona dos razones. La primera, porque Él iba al Padre para recibir todo poder; la otra, porque ahora ellos pueden pedir y esperar todo en su nombre. *"Porque yo voy al Padre"*. Y, note este 'y', *"y todo lo que pidáis en mi nombre, lo haré"*. Su ida al Padre traería una doble bendición: ahora ellos pedirían y recibirían todo en su nombre y, en consecuencia, harían mayores obras. Esta primera mención de la oración en las últimas palabras de nuestro Salvador, nos enseña otras dos lecciones muy importantes.

Aquel que hace las obras de Jesús, *debe orar* en su nombre. Aquel que ora en su nombre, *debe obrar* en su nombre. Aquel que hace la obra *debe orar*: Es por la oración por que se obtiene el poder para hacer la obra. Aquel que en fe hace las obras que Jesús hizo, debe orar en su nombre. Mientras Jesús estuvo aquí en la Tierra hizo las obras más grandes: los demonios que ellos no podían echar, huían ante la palabra de Él. Cuando Él fue al Padre, ya no estaba aquí en el cuerpo para hacer la obra directamente. Ahora los discípulos eran su cuerpo: toda su obra en la tierra desde su trono en el cielo, podría y sería hecha por medio de ellos.

Pudo haberse pensado que ahora que Él dejaba el escenario, y que solo podría obrar por medio de sus comisionados, las obras podrían ser menores y más débiles. Sin embargo, Él nos asegura lo contrario: *"En **verdad, en verdad** os digo: el que cree en mí, las obras que yo hago, él las hará también; y aun mayores que éstas hará"* (énfasis añadido). Su cercana muerte sería un verdadero colapso y pondría fin al poder del pecado; con la resurrección, los poderes de la vida eterna realmente estaban para tomar posesión del cuerpo humano, y para obtener supremacía sobre la vida humana; con su ascensión, Él recibiría el poder para enviar al poderoso Espíritu Santo a los suyos; la unión, la unidad entre Él en el trono y ellos en la Tierra, sería tan intensa y tan divinamente perfecta, que la expresó como una verdad literal: *"Las obras que yo hago, él las hará también; y aun mayores que éstas hará, porque yo voy al Padre"*. Y la misión probó cuán verdadera era. Jesús, durante tres años de trabajo personal en la Tierra, reunió a un poco más de quinientos discípulos, la mayoría de ellos tan débiles, que eran de poco crédito para su causa; sin embargo, le fue dado a hombres como Pedro y como Pablo el hacer cosas más grandes de las que Él había hecho. Desde el trono Él puede hacer a través de ellos lo que en su humillación todavía no había podido hacer.

Pero hay una condición: *"El que cree en mí, las obras que yo hago, él las hará también; y aun mayores que éstas hará, porque yo voy al Padre.* **Y todo lo que pidiéreis en mi nombre, lo haré***"* (Juan 14:13, énfasis añadido). Su ida al Padre le daría a Él un nuevo poder para escuchar oraciones. Para hacer las obras más grandes, se necesitaban dos cosas: que Él fuera al Padre para recibir todo el poder, y nuestra, oración en su nombre de Él, nuevamente todo el poder. Cuando Él le pide al Padre, recibe y nos concede el poder de la nueva dispensación para las obras más grandes; cuando creemos, y oramos en su nombre, el poder viene y toma posesión de nosotros para hacer las obras más grandes.

¡Cuánto trabajo hay en la obra de Dios, la cual tiene poco o nada que ver con respecto al poder para hacer algo de lo que Cristo hizo, y ni hablar de las cosas más grandes. Puede haber una razón: La creencia en él, la oración de fe en su nombre, esto es absolutamente necesario. ¡Oh!, que cada obrero y cada líder de la Iglesia, o de la universidad, en la obra de amor en el hogar o en las misiones extranjeras, puedan aprender la lección: la oración en el nombre de Jesús, es la forma de poner en práctica el maravilloso poder que Jesús ha recibido del Padre para su pueblo, y es solo por este poder, que todo aquel que cree puede hacer obras más grandes. A cada queja en cuanto a la debilidad o a la ineptitud, en cuanto a las dificultades o a la falta de éxito, Jesús da esta misma respuesta: *"El que cree en mí, las obras que yo hago, él las hará también; y aun mayores que éstas hará, porque yo voy al Padre. Y todo lo que pidáis en mi nombre, lo haré"*.

Debemos entender que lo primero y lo principal para cualquiera que hace la obra de Jesús, es creer, y así estar unido a Él, unido al Todopoderoso, y luego orar la oración de fe en su nombre. Sin esto, nuestra obra será simplemente humana y carnal; puede haber alguna aplicación al refrenar el pecado, o al preparar el camino para la bendición, pero el poder verdadero falta. El trabajo eficaz necesita primeramente la oración eficaz.

Y ahora la segunda lección: el que ora *debe hacer la obra*. Es por el poder para hacer la obra que la oración tiene tan grandes promesas: es en el obrar que el poder para la oración eficaz de fe será obtenida. En estas últimas palabras de nuestro bendito Señor, encontramos que no menos de seis veces (Juan 14:13, 14, 15:7, 16, 16:23, 24) Él repite aquellas ilimitadas promesas para la oración que muchas veces han despertado nuestras ansiosas preguntas con respecto a su verdadero significado: *"Todo"*, *"Cualquier cosa"*, *"Lo que queráis"*, *"Pedid y se os dará"*.

Cuántas veces un creyente ha leído estas palabras una y otra vez con gozo y esperanza, y con gran seriedad de alma ha buscado implorar de esa manera para su propio beneficio. Pero luego ha salido decepcionado.

La simple razón fue la siguiente: había apartado la promesa de su medio. El Señor dio la maravillosa promesa

del libre uso de su nombre con el Padre en relación a *la
realización de sus obras*. Es el discípulo que se da enteramente para vivir para la obra y el Reino de Jesús, para la
voluntad y la honra del Señor, quien recibirá el poder para
apropiarse de la promesa. El que se complace en abrazar
la promesa cuando quiere algo muy especial para él, será
desilusionado, porque haría de Jesús un siervo para su propia comodidad. Pero a aquel que busca orar la oración
eficaz de fe, porque la necesita para la obra del Maestro, a
él le será dada la oportunidad de aprenderla, porque él se
ha hecho siervo de los intereses de su Señor. La oración no
solo nos enseña y nos fortalece para trabajar: el trabajo nos
enseña y nos fortalece para orar.

Esto está en perfecta armonía con todo lo que es vá-
lido, tanto en el mundo natural como en el espiritual. Al
que tiene, más le será dado; o, el que es fiel en lo muy
poco, será fiel también en lo mucho. Con la pequeña medida de gracia que ya hemos recibido, entreguémonos al
Maestro para su obra: la obra será para nosotros una verdadera escuela de oración. Fue cuando Moisés tuvo que
hacerse cargo totalmente de un pueblo rebelde que sintió
la necesidad pero, además, tuvo el valor de hablar valientemente con Dios y de pedir grandes cosas de Él (Éxodo
33:12, 15, 18). Cuando usted se entregue totalmente a
Dios para su obra, sentirá que nada menos que estas grandes promesas son lo que necesita, que nada menos es lo
que puede esperar más confiadamente.

¡Creyentes en Jesús! Ustedes son llamados, han sido
señalados para hacer las obras de Jesús, e incluso mayores

obras, porque Él ha ido al Padre para recibir el poder para hacer estas grandes obras en y a través de ustedes.

"*Todo* lo que pidáis en mi nombre, *lo haré*". Entréguese, y viva para hacer las obras de Cristo, y aprenderá a orar para obtener maravillosas respuestas a la oración. Entréguese, y viva para orar, y aprenderá a hacer las obras que Él hizo, y a hacer aún mayores obras. Con discípulos llenos de fe en Él, y valientes en la oración para pedir grandes cosas, Cristo puede conquistar el mundo.

"Señor, enséñanos a orar"

¡Oh, mi Señor! Otra vez en este día he escuchado tus palabras que sobrepasan mi entendimiento. Y todavía no puedo hacer nada, sino que con una fe simple las tomo y las guardo como tu don para mí. Tú has dicho que en virtud de tu ida al Padre, todo el que en ti cree, hará las obras que tú has hecho, y que hará aún mayores obras. ¡Señor! Te adoro, tú eres el glorificado, y busco el cumplimiento de tu promesa. Que toda mi vida sea de un continuo creer en ti. Por eso purifica y santifica mi corazón, hazme tan tiernamente susceptible a ti y a tu amor, para que el creer en ti pueda ser la misma vida que respira.

Y tú has dicho que en virtud de tu ida al Padre, todo lo que pidamos lo harás. Desde tu trono de poder tú harás que tu pueblo participe del poder que te ha sido dado, y obrarás por medio de ellos al ser los miembros de tu cuerpo, en respuesta a sus oraciones de fe en tu nombre. Poder en la oración contigo, y poder en obras con los hombres, es lo que tú has prometido a tu pueblo y a mí también.

¡Bendito Señor! Perdónanos por lo poco que te hemos creído y por lo poco que hemos creído en tu promesa, y por haber probado tan poco tu fidelidad para cumplirla. Perdónanos por haber honrado tan poco tu nombre todopoderoso en el cielo y en la tierra.

¡Señor! Enséñame a orar de tal manera que pueda probar que tu nombre es en verdad todopoderoso con Dios, con los hombres y con los demonios. Sí, enséñame a trabajar y a orar de tal manera que puedas glorificarte en mí como el Omnipotente, y haz también tu gran obra a través mío. Amén.

4

"Para que el Padre sea glorificado"
o, el principal fin de la oración.

Y todo lo que pidiereis al Padre en mi nombre,
lo haré, para que el Padre sea glorificado en el
Hijo. Si algo pidiereis en mi nombre, yo lo haré.
–Juan 14:13-14

Para que el Padre sea glorificado en el Hijo: es para este fin que Jesús desde su trono en gloria hará todo lo que pedimos en su nombre. Cada respuesta a la oración que Él da, tendrá esto como su objetivo: cuando no haya ninguna consideración en cuanto a este objetivo, no responderá. Automáticamente, esto debe ser con nosotros, así como con Jesús, el elemento esencial en nuestras oraciones: la gloria del Padre debe ser el objetivo y el fin, el alma y la vida de nuestra oración.

Fue así con Jesús cuando estuvo en la Tierra: *"Pero yo no busco mi gloria; sino la gloria de aquél que me envió"*. En tales palabras tenemos la nota predominante de su vida. En las primeras palabras de la oración sacerdotal hace referencia a ello: ¡Padre! Glorifica a tu Hijo, *para que el Hijo te glorifique a ti*. "*Yo te he glorificado* en la Tierra; glorifícame contigo". La razón por la cual pide ser llevado a la gloria que Él tenía con el Padre, es doble: ha glorificado a Dios en la Tierra; y aún lo glorificará en el cielo. Lo que pide es solo la capacidad de glorificar más al Padre. Es como si entráramos en simpatía con Jesús en este punto, y le gratificáramos por haber hecho que la gloria del Padre sea nuestro principal objeto en la oración, para que nuestra oración no quede sin respuesta. No hay nada que el Hijo amado haya dicho con más claridad en cuanto a lo que glorifica al Padre que esto, hacer lo que nosotros le pedimos; por eso, Él no dejará nada que pueda afectar la seguridad de este objetivo. Hagamos nuestro el objetivo de Jesús: permite que la gloria del Padre sea el eslabón entre nuestro pedir y su hacer: tal oración debe prevalecer[5].

Estas palabras de Jesús, de hecho, vienen como una filosa espada de dos filos, y penetran aún hasta la división del alma y del espíritu, de las coyunturas y de los tuétanos, y son poderosas para discernir los pensamientos y las intenciones del corazón. En las oraciones de Jesús en la tierra, en su intercesión en el cielo, en su promesa de una respuesta a nuestras oraciones desde allí, su primer objetivo es la gloria del Padre. ¿Es así también con nosotros?

---

5 Vea en la nota sobre George Müller, al final de este volumen, cómo él fue llevado a hacer que la gloria de Dios fuera su principal objetivo.

¿O no, porque tal vez, en gran medida, es el egoísmo y el
deseo de la satisfacción personal el motivo más fuerte que
nos impulsa a orar? ¿O, si no podemos ver que este es el
caso, no tendríamos que reconocer que el diferente y consciente anhelo por la gloria de Dios, no es lo que anima
nuestras oraciones? Sin embargo, debe ser así.

No es que el creyente a veces no lo desea. Pero tiene
que lamentarse por lo poco que ha conseguido. Y, además,
él conoce la razón de su fracaso. Se debe, por supuesto,
a que la separación entre el espíritu de la vida diaria y
el espíritu de la hora de la oración es demasiado grande.
Empezamos a ver que el deseo por la gloria del Padre, no
es algo que podemos despertar y presentar a nuestro Señor
cuando nos preparamos para orar. ¡No! Solo cuando toda
nuestra vida, en todas sus partes, es dada para la gloria
de Dios, podemos realmente orar para su gloria. "*Hacedlo
todo* para la gloria de Dios" y, "Pedid todo para la gloria
de Dios", estos mandamientos gemelos son inseparables:
la obediencia a lo primero es el secreto de la gracia para lo
segundo. Una vida para la gloria de Dios es la condición de
las oraciones que Jesús puede contestar, "para que el Padre
sea glorificado".

Esta demanda en relación con la oración perseverante,
que sería para la gloria de Dios, no es más que correcta y
natural. No hay nadie glorioso, sino el Señor: no hay ninguna gloria, sino la de Él y lo que dejó en sus criaturas. La
creación existe para mostrar su gloria; todo lo que no es
para su gloria es pecado, oscuridad y muerte: solo cuando
glorifican a Dios, las criaturas pueden encontrar la gloria.

Lo que el Hijo del Hombre hizo, al darse completamente, al dar toda su vida para glorificar al Padre, no es otra cosa que el deber de todo redimido. Y la recompensa de Cristo será también del redimido. Como Él se dio tan enteramente a sí mismo para la gloria del Padre, el Padre lo coronó con gloria y honor, dándole el Reino en sus manos, con el poder para pedir lo que quisiera; y como intercesor, para contestar nuestras oraciones. Y así como en esto llegamos a ser uno con Cristo, y como nuestra oración es parte de una vida absolutamente rendida para la gloria de Dios, el Salvador podrá glorificar al Padre en nosotros por medio del cumplimiento de la promesa: "Todo lo que pidiereis, *lo haré*".

Esa clase de vida, con la gloria de Dios como nuestro único objetivo, no podemos alcanzarla con el esfuerzo propio. Es solo en el Jesucristo hombre que esa vida será vista: en Él la encontraremos para nosotros. ¡Sí, bendito sea Dios! Su vida es nuestra vida; Él se dio por nosotros; Él mismo es ahora nuestra vida. El descubrimiento, la confesión y la negación del yo en cuanto a la búsqueda, y la confianza en uno mismo, que usurpa el lugar de Dios, son esenciales, y también es lo que no podemos lograr con nuestras fuerzas. Es la presencia y el gobierno en el corazón, de nuestro Señor Jesús, quien glorificó al Padre en la Tierra, y que ahora es glorificado con Él, que desde allí puede glorificar al Padre en nosotros; es Jesús en nosotros, quien puede echar de nosotros toda vanagloria, y darnos a cambio su vida y su Espíritu que glorifican a Dios.

Es Jesús quien anhela glorificar al Padre al escuchar

nuestras oraciones, y quien nos enseñará a vivir y a orar para la gloria de Dios.

¿Y qué motivo, qué poder hay que pueda exigir a nuestros perezosos corazones para que se rindan a nuestro Señor, para que Él trabaje esto en nosotros? Sin duda, nada es más necesario que una vista de cuán glorioso, y de cuán digno de gloria es nuestro Padre. Dejemos que nuestra fe aprenda a postrarse delante de Él en adoración, aprenda a atribuirle el Reino solo a Él, el poder y la gloria, para rendirnos y, en consecuencia, habitar en su luz, porque Él es el único Dios de amor y bendito para siempre. Seguramente estaríamos inspirados para decir: "A Él solo sea la gloria". Y veríamos a nuestro Señor Jesús con un nuevo y más intenso deseo de una vida que se rehúse a ver o a buscar cualquier cosa excepto la gloria de Dios.

Cuando solo hay una pequeña oración que puede ser contestada, el Padre no es glorificado. Es un deber, por la gloria de Dios, vivir y orar de tal manera que nuestra oración pueda ser contestada. Por causa de la gloria de Dios, aprendamos a orar bien.

Qué humillante es ver que muchas veces hace una oración seria por un hijo o por un amigo, por un trabajo o alguna circunstancia, en la que la causa de nuestro gozo o de nuestro placer es mucho más fuerte que el anhelo por la gloria de Dios. No me sorprende que hayan tantas oraciones sin respuesta: aquí tenemos el secreto. Dios no puede ser glorificado cuando esa gloria no es nuestro objetivo.

Aquel que ora la oración de fe, tendrá que darse a sí mismo, de tal manera que el Padre en todas las cosas pueda ser glorificado en Él. Este debe ser el objetivo: sin esto, no puede haber oración de fe. *"¿Cómo podéis vosotros creer, pues recibís gloria los unos de los otros, y no buscáis la gloria que viene del Dios único?"* (Juan 5:44).

Toda búsqueda de nuestra gloria delante de los hombres hace que la fe sea un imposible: es el profundo e intenso sacrificio lo que hace abandonar la propia gloria para buscar solo la gloria de Dios, y despertar en el alma esa susceptibilidad hacia lo divino, lo cual es la fe. Rendirse a Dios para buscar su gloria, y esperar que muestre su gloria al escucharnos, son una sola cosa: el que busca la gloria de Dios, la verá en la respuesta a su oración.

¿Y cómo lo lograremos? Preguntamos otra vez, empecemos con la confesión. Cuán poco la gloria de Dios ha sido una pasión totalmente absorbente; cuán poco nuestras vidas han sido llenas de esa gloria. Cuán poco hemos vivido en la semejanza del Hijo, y en simpatía con Él, solo por Dios y por su gloria. Tomemos tiempo, hasta que el Espíritu nos lo revele, y veamos cuanta falta ha habido al respecto. El reconocimiento y la confesión del pecado son el camino seguro hacia la liberación.

Y luego miremos a Jesús. En Él podemos ver por qué en la muerte podemos glorificar a Dios. En su muerte Jesús lo glorificó; por medio de la muerte el Padre fue glorificado por Cristo. Es por morir, por estar muertos al "yo" y por vivir para Dios que podemos glorificarlo. Y esta muerte al "yo", esta vida para la gloria de Dios, es la vida que Jesús da y vive en cada uno de los que confían en Él para esto. Que no busquemos nada menos, nada menos que el deseo y la decisión de vivir solo para la gloria del Padre, así como Cristo lo hizo; nada menos que la aceptación de que Él con su vida y con su fuerza trabajen esto en nosotros; nada menos que la seguridad gozosa de que podemos vivir para la gloria de Dios, porque Cristo vive en nosotros; dejemos que este sea el espíritu de nuestra vida diaria. Jesús es nuestra garantía si vivimos de esta manera; el Espíritu Santo es dado, y espera que podamos experimentar todo esto, si tan solo confiamos en Él y se lo permitimos.

No nos detengamos por la incredulidad, sino que confiadamente tomemos como nuestra contraseña: ¡todo para la gloria de Dios! El Padre acepta el deseo, el sacrificio le trae satisfacción; el Espíritu Santo sellará nuestro interior con la conciencia de que vivimos por Dios y por su gloria.

Y después, qué quietud, paz y poder habrá en nuestras oraciones, mientras nos conocemos a nosotros mismos por su gracia, mientras estamos en perfecta armonía con Él, quien nos habla, cuando promete hacer lo que pedimos: *"Para que el Padre sea glorificado en el Hijo"*. Con todo nuestro ser conscientemente rendido a la inspiración de La Palabra y del Espíritu, nuestros deseos ya no serán más los nuestros, sino los de Él; y del principal fin de los deseos, la gloria de Dios. Con una libertad creciente, podremos decir en oración: "¡Padre! Tú sabes que lo que pedimos es solo para tu gloria". Y la condición para la respuesta a la oración, en lugar de ser como una montaña que no podemos escalar, solo nos dará la confianza más grande de que seremos escuchados, porque hemos visto que la oración no tiene ninguna belleza o bienaventuranza superior a esta, que glorifica al Padre. Y el precioso privilegio de la oración, será doblemente precioso porque nos llevará a una perfecta armonía con el Hijo amado en la maravillosa sociedad que propone: "Vosotros pedís, y yo lo hago, para que el Padre sea glorificado en el Hijo".

"Señor, enséñanos a orar"

¡Bendito Señor Jesús! Nuevamente vengo a ti. Cada lección que me das me convence más profundamente de cuán poco sé acerca de la oración correcta. Además, cada lección me inspira con la esperanza de que vas a enseñarme, de que me enseña no solo lo que la oración realmente es, sino también a orar como es debido. ¡Oh, mi Señor! Te miro con valor, tú eres el gran intercesor, quien ora y escucha la oración, solo para que el Padre sea glorificado, y para enseñarme también a vivir y a orar para la gloria de Dios.

¡Mi Salvador! Para este fin me rindo a ti otra vez. Soy como nada. He dado el "yo", como que ya estoy crucificado contigo, hasta la muerte. Por medio de las obras del Espíritu, he sido mortificado y he muerto; tu vida y tu amor del Padre toman posesión de mí. Un nuevo anhelo empieza a llenar mi alma: que cada día, cada hora, que en cada oración, la gloria del Padre pueda ser todo para mí. ¡Oh, mi Señor! Estoy en tu escuela para aprender esto: enséñamelo tú.

Y tú, el Dios de gloria, el Padre de la gloria, mi Dios y mi Padre, acepta el deseo de un hijo que ha visto que tu gloria es por lo único que vale la pena vivir. ¡Oh, Señor!

Muéstrame tu gloria. Deja que tu gloria me cubra. Permite que llene el templo de mi corazón. Déjame habitar en ella. Y lléname en tu buena voluntad, para que por ser un hijo tuyo pueda encontrar gloria al buscar la gloria de su Padre. Amén.

5

"Si permanecéis en mí"
o, la condición absoluta.

Si permanecéis en mí, y mis palabras permanecen en vosotros, pedid todo lo que queréis y os será hecho.
—JUAN 15:7

En toda comunión de Dios con nosotros, la promesa y sus condiciones son inseparables. Si cumplimos con las condiciones, Él cumple con la promesa. Lo que Él será para nosotros depende de lo que estemos dispuestos a ser para Él. "*Acercaos a Dios, y él se acercará a vosotros*" (Santiago 4:8). Asimismo, en la oración, la ilimitada promesa: "*Pedid lo que queráis*, tiene una simple y natural condición: *si permanecéis en mí*". Es a Cristo a quien el Padre siempre escucha; Dios está *en Cristo* y puede ser alcanzado solo permaneciendo en Jesús; estar en Él es el requisito para que nuestra oración sea escuchada; si permanecemos en Él plena y completamente, tenemos el derecho de pedir lo que queramos, y de pedir que la promesa sea cumplida en nosotros.

Cuando comparamos esta promesa con las experiencias de muchos creyentes, quedamos sorprendidos por una terrible contradicción. ¿Quién puede contar las innumerables oraciones que se expresan sin recibir ninguna respuesta? La causa debe ser que, o nosotros no cumplimos con la condición, o Dios no cumple con la promesa.

Los creyentes no están dispuestos a admitir ambas cosas, y por eso han inventado una vía de escape del dilema. Ponen en la promesa una cláusula que nuestro Salvador no ha puesto ahí, y dicha cláusula es: si es la voluntad de Dios. Y así mantienen la integridad de Dios tanto como la de ellos. Si tan solo pudieran aceptarlo y lo tomaran tal como realmente es, confiando en Cristo, en que Él justifique su verdad, el Espíritu los llevaría a ver la naturaleza divina de tal promesa para todos aquellos, que realmente permanecen en Cristo en el sentido correcto, y los haría confesar que el fracaso en el cumplimiento de la condición, es la única y suficiente explicación en cuanto a la falta de respuesta a la oración. Y luego, el Espíritu Santo haría de nuestra debilidad en la oración, uno de los motivos más poderosos que nos lleven a descubrir el secreto, y a obtener la bendición de permanecer completamente en Cristo.

"*Si permanecéis en mí*". Así como un cristiano crece en la gracia y el conocimiento del Señor Jesús, a menudo es sorprendido cuando al leer La Palabra, descubre cómo La Palabra de Dios también crece en un nuevo y más profundo significado. Él puede mirar hacia atrás, para recordar el día en el que una palabra de Dios fue abierta para Él, y ver cómo se regocijaba en la bendición que había encontrado en ella. Después de un tiempo, una experiencia más profunda le dio un nuevo significado a esa palabra, y es como si Él nunca hubiera visto lo que contenía. Y aún, una vez más, al avanzar en su vida cristiana la misma palabra se puso delante de Él como un gran misterio, hasta que nuevamente el Espíritu Santo lo llevara aún a lo más profundo de su divina plenitud.

Una de estas palabras inagotables y en constante crecimiento, es la preciosa palabra del Maestro *"Permaneced en mí"*. Así también como la unión del pámpano con la vid es una unión de crecimiento, de un crecimiento incesante, así también nuestra permanencia en Cristo es un proceso en la que la vida divina toma posesión de nosotros de una manera más completa.

El creyente joven y débil, realmente puede permanecer en Cristo según la medida de la luz que tiene; es quien se extiende hacia delante, hacia la permanencia plena, en el sentido en el que el Maestro entendió las palabras, quien hereda todas las promesas relacionadas con esa palabra.

En la creciente vida de permanencia en Cristo, la primera etapa es la etapa de la fe; cuando el creyente ve, con toda su debilidad, que el mandamiento realmente es hecho para él, su gran objetivo es simplemente creer que así como sabe que está en Cristo, así también ahora, a pesar de la infidelidad y del fracaso, sabe que permanecer en Cristo es su deber inmediato, y que una bendición está a su alcance. Ahora está ocupado especialmente con el amor, el poder, y la fidelidad del Salvador: siente que es su única necesidad para creer.

No pasa mucho tiempo hasta que ve que algo más es necesario: la obediencia y la fe deben ir juntas. No es que tiene que añadir la obediencia a la fe que ya tiene, sino que la fe debe ser manifiesta en la obediencia. La fe es la obediencia en su campo y mira al Maestro: la obediencia es la fe que sale para hacer la voluntad de Dios. Ahora ve que ha estado más ocupado con el privilegio y con las bendiciones de su permanencia en Cristo, que con sus deberes y su fruto.

Ha habido mucho del ego y de los propios deseos que no han sido percibidos o que han sido tolerados: la paz que, como joven y débil discípulo, puede disfrutar al creer, se va de él; es en la obediencia práctica que la permanencia en Cristo puede ser mantenida: "*Si guardareis mis mandamientos, permaneceréis en mi amor*" (Juan 15:10).

Como antes su principal objetivo era a través de la *mente*, y de la verdad que tomó para dejar al corazón descansar en Cristo y en sus promesas, así también ahora, en esta etapa, su principal esfuerzo es lograr que su voluntad esté unida con la voluntad de su Señor, y que el corazón y la vida estén totalmente bajo el gobierno de Dios.

Y todavía es como si faltara algo. La voluntad y el corazón están del lado de Cristo; él obedece y ama a su Señor. Sin embargo, ¿por qué la naturaleza carnal todavía tiene tanto poder, que aún los movimientos espontáneos y las emociones del ser interior no son lo que deberían ser? La voluntad no aprueba ni permite, y esta es un área que está más allá del control de la voluntad. ¿Y por qué también tanto descuido, la falta de esa hermosura de santidad, de ese celo de amor, de esa semejanza con Jesús y con su muerte, en la cual la vida del "yo" está perdida, según la palabra del Maestro? Seguramente debe haber algo en nuestro habitar en Cristo y Cristo en nosotros, que todavía no ha sido experimentado.

Es así. La fe y la obediencia son el camino de la bendición. Antes de darnos la parábola de la vid y los pámpanos, Jesús había dicho que la fe y la obediencia nos han de llevar hacia una bendición total. Tres veces dijo: *"Si me amáis, guardad mis mandamientos"* (Juan 14:15), y habló de la triple bendición con la cual Él puede coronar tal amor obediente. El Espíritu Santo vendría del Padre; el Hijo se manifestaría a sí mismo; el Padre y el Hijo vendrían y harían su morada.

Es cuando nuestra fe crece en obediencia, y cuando en obediencia y amor todo nuestro ser se pega a Cristo, que nuestra vida interior llega a abrirse y la capacidad se forma al recibir la vida, el Espíritu, y al Jesús glorificado, como una diferente y consciente unión con Cristo y con el Padre. La Palabra es cumplida en nosotros: *"En aquel día vosotros conoceréis que yo estoy en mi Padre, y vosotros en mí, y yo en vosotros"* (Juan 14:20). Entendemos cómo, como Cristo está en Dios y Dios en Cristo, siendo uno, no solo en la voluntad y en el amor, sino también en la identidad de la naturaleza y de la vida, porque ellos existen el uno en el otro, también nosotros estamos en Cristo y Cristo en nosotros, unidos no solo en la voluntad y en al amor, sino también en la vida y en la naturaleza.

Fue después que Jesús hubo hablado por medio del Espíritu Santo, sabiendo que Él está en el Padre, y así nosotros en Él, y Él en nosotros, que dijo: *"Permaneced en mí, y yo en vosotros. Aceptad, recibid esa vida divina de unión conmigo, en virtud de lo cual, así como vosotros permanecéis en mí, yo también permanezco en vosotros, así como yo permanezco en el Padre. De tal manera que vuestra vida es mía y la mía vuestra"*. Este es el verdadero permanecer, ocupar la posición en la que Cristo puede venir y morar; así es habitar en Él, porque el alma ha dejado al "yo" al encontrar que Cristo ha tomado el lugar y que se ha convertido en nuestra vida. Es cuestión de llegar a ser como niños que no tienen ninguna preocupación, y que encuentran su felicidad en la confianza y la obediencia en el amor que ha hecho todo por ellos.

Para aquellos que permanecen de esta manera, la promesa viene como la herencia justa de ellos: pedid lo que queráis y no puede ser de otra manera. Cristo tiene plena posesión de ellos. Cristo habita en el amor, en la voluntad y en la vida de ellos, no solo que sus voluntades han sido rendidas, sino que Cristo entra y vive y respira en ellas por medio de su Espíritu. Él, a quien el Padre siempre escucha, ora en ellos; ellos oran en Él: lo que pidan les será hecho.

¡Amados hermanos creyentes! Confesemos que es porque no permanecemos en Cristo como Él quiere que la Iglesia es tan impotente ante la presencia de la infidelidad, la mundanalidad y el paganismo, en medio de lo cual el Señor es capaz de hacerla más que vencedora. Creamos que Él cumple lo que promete, y acepta la condenación que implica la confesión.

Pero no nos desanimemos. La permanencia del pámpano en la vid, es una vida de incesante crecimiento. La permanencia, según la palabra del Maestro, está a nuestro alcance, porque Él vive para darnos esta permanencia. Preparémonos para tomar todas las cosas como pérdida, y para decir: *"No que lo haya alcanzado ya, ni que ya sea perfecto; sino que prosigo, por ver si logro asir aquello para lo cual fui también asido por Cristo Jesús"* (Filipenses 3:12). No estemos tan ocupados con la permanencia, como con *él*, a quien la permanencia nos une. Dejemos que sea Él, la totalidad de Cristo, en su obediencia y su humillación, en su exaltación y su poder, en quien nuestra alma se mueva y actúe; Él cumplirá su promesa en nosotros.

Y luego mientras permanecemos y crecemos continuamente hacia una total permanencia, ejercitemos nuestro derecho, el deseo de entrar en la voluntad del Padre. Al obedecer lo que esa voluntad ordena, reclamemos lo que promete. Rindámonos a la enseñanza del Espíritu Santo, para que nos muestre a cada uno, según el crecimiento y la medida, lo que la voluntad de Dios es, y lo que podemos reclamar en oración. Y descansemos contentos con nada menos que la experiencia personal de lo que Jesús dio cuando dijo, "Si permanecéis en mí, y mis palabras permanecen en vosotros, pedid lo que queráis y os será hecho".

"Señor, enséñanos a orar"
¡Amado Señor! Ayúdame a tomar esta promesa otra vez con toda su simplicidad, y a estar seguro de que la única medida de tu santo dar, es nuestro santo querer. ¡Señor!

Deja que cada palabra de tu promesa sea nuevamente hecha viva y poderosa en mi alma.

Tú dices: ¡*Permaneced en mí*! ¡Oh, mi Maestro, mi vida, mi todo! Yo permanezco en ti. Dame de ti para crecer en toda tu plenitud. No es el esfuerzo de la fe que busca pegarse a ti, tampoco es el descanso de la fe, al confiar que tú me guardas; no es la obediencia de la voluntad, ni el guardar tus mandamientos, sino es tu vida en mí y en el Padre, solo eso puede satisfacerme. Eres tú mi Señor, ya no más delante de mí ni sobre mí, sino que eres uno conmigo, y permaneces en mí. Esto es lo que necesito, esto es lo que busco. Para esto solo en ti confío.

Tú dices: ¡*Pedid lo que queráis*! ¡Señor! Yo sé que una vida de permanencia plena y profunda, renovará, santificará y fortalecerá el querer, de tal manera que tendré la luz y la libertad para pedir grandes cosas. ¡Señor! Que mi querer esté muerto en tu muerte, y vivo en tu vida, y sea valiente y amplio en sus peticiones.

Tú dices: ¡*Os será hecho*! Tú que eres el amén, el testigo fiel y verdadero, dame en ti la alegre confianza de que más que nunca harás esta palabra aún más maravillosamente verdadera para mí, porque ha entrado en el corazón del hombre para concebir lo que Dios tiene preparado para aquellos que lo aman. Amén.

NOTA

En una comparación considerada entre lo que mayormente encontramos en los libros o en los sermones acerca de la oración y la enseñanza del Maestro, encontramos una gran diferencia: la importancia asignada a la respuesta a la oración, de ningún modo es la misma. En lo primero encontramos mucho sobre la bendición de la oración como un ejercicio espiritual, aún sin tener ninguna respuesta, y también sobre las razones del por qué deberíamos estar contentos sin ella. La comunión con Dios, para nosotros debe ser más que el don que pedimos; la sabiduría de Dios solo sabe que es lo mejor; Dios puede conceder algo mejor de lo que retiene. Aunque esta enseñanza parecer ser muy superior y muy espiritual, es sorprendente que no encontramos nada de ella en nuestro Señor. Cuanto más cuidadosamente reunimos todo lo que habló acerca de la oración, llega a ser más claro que su deseó fue que nosotros pensáramos de la oración, simplemente como el medio para un fin, y que la respuesta fuera la prueba de que nosotros y nuestra oración son aceptables delante del Padre que está en el cielo. No es que Cristo quiera que contemos los dones de más alto valor en lugar de la comunión y el favor del Padre. De ningún modo. Lo que el Padre quiere decir es que la respuesta es la señal de su favor y de la realidad de nuestra comunión con Él. *"Hoy ha entendido tu siervo que he hallado gracia en tus ojos, rey señor mío, pues ha hecho el rey lo que su siervo ha dicho"* (2 Samuel 14:22).

Una vida marcada por la diaria respuesta a la oración, es la prueba de nuestra madurez espiritual; de que en verdad hemos alcanzado la permanencia en Cristo; de que nuestra voluntad es verdaderamente una con la voluntad de Dios; de que nuestra fe ha sido fortalecida para ver y tomar lo que Dios ha preparado para nosotros; de que el nombre de Cristo y su naturaleza han tomado plena posición de nosotros; y de que hemos sido encontrados justos para tomar un lugar entre aquellos a quienes Dios admite en sus planes, y según cuyas oraciones gobierna el mundo.

Estos son aquellos en quienes algo de la dignidad original del hombre ha sido restaurado, en quienes, al permanecer en Cristo, su poder como el gran intercesor puede manifestarse, y en quienes la gloria de su nombre es mostrada. La oración es muy bendecida; *la respuesta es aún más bendecida*, como la respuesta que viene del Padre, porque nuestra oración, nuestra fe y nuestra voluntad realmente son como Él desearía que fueran.

Hago estas observaciones con el único deseo de llevar a mis lectores a reunir todo lo que Jesús dijo acerca de la oración, y a rendirse a la plena impresión de la verdad de que cuando la oración es lo que debe ser, o más bien cuando nosotros somos lo que deberíamos ser, permaneciendo en Cristo, la respuesta debe esperarse.

Esto nos hará salir de aquellos refugios en donde nos

hemos contentado con la oración no contestada. Esto nos hará descubrir el lugar de poder que Cristo ha señalado para su Iglesia, y el cual es tan poco ocupado. Revelará la terrible debilidad de nuestra vida espiritual como la causa de nuestra incapacidad para orar valientemente en el nombre de Cristo. Nos impulsará poderosamente a levantarnos hacia una vida de plena comunión con Cristo, y en la plenitud del Espíritu, lo cual es el secreto de la oración eficaz.

Y también nos llevara hacia delante para realizar nuestro destino: "*En aquel día no me preguntaréis nada. De cierto, de cierto os digo, que todo cuanto pidiereis al Padre en mi nombre, os lo dará. Hasta ahora nada habéis pedido en mi nombre; pedid, y recibiréis, para que vuestro gozo sea cumplido*" (Juan 16:23-24). La oración que realmente es espiritual, *la oración unida a Jesús*, siempre es contestada.

6

"Mis palabras en vosotros"
o, la palabra y la oración.

*Si permanecéis en mí, y mis palabras permanecen en
vosotros, pedid todo lo que queréis y os será hecho.*
–Juan 15:7

La conexión vital entre La Palabra y la oración es una
de las lecciones más simples y más antiguas de la vida
cristiana. Como dijo aquel gentil recién convertido: "Yo
oro, hablo a mi Padre; leo La Palabra, el Padre me habla".

Antes de la oración, es La Palabra de Dios que me prepara para ello al revelarme lo que el Padre me ha dicho que
pida. En la oración es La Palabra de Dios la que me fortalece al dar a mi fe su garantía y su ruego. Y después de la
oración, es La Palabra de Dios la que me trae la respuesta
cuando he orado, porque en ella el Espíritu me hace escuchar la voz del Padre. La oración no es un monólogo, sino
un diálogo; es la voz de Dios en respuesta a la mía en su

parte más esencial. Escuchar la voz de Dios es el secreto de la seguridad de que Él escuchará la mía. "Inclina tu oído, y escucha", "Oídme", "Escucha mi voz"; son palabras con las que Dios habla al hombre tanto como el hombre a Dios. Lo que Él pueda escuchar, depende de lo que escuchemos nosotros; la entrada que sus palabras encuentren en mí, será la medida del poder de mis palabras en Él. Lo que las palabras de Dios son para mí, es la prueba de lo que Él es para mí, y así también en cuanto a la verticalidad de mi deseo de Él en la oración.

Es esta conexión entre su palabra y nuestra oración que Jesús señala cuando dice: *"Si permanecéis en mí, y mis palabras permanecen en vosotros*, pedid lo que queráis y os será hecho". La profunda importancia de esta verdad llega a ser clara si notamos la otra expresión de la cual esta ha tomado ese lugar. Más de una vez, Jesús dijo: *"Permaneced en mí y yo en vosotros"*. Su permanencia en nosotros era el complemento y la corona de nuestra permanencia en Él. Pero aquí, en lugar de: *"Vosotros en mí y yo en vosotros"*, Él dice: *"Vosotros en mí, y mis palabras en vosotros"*. La permanencia de La Palabra es el equivalente a la permanencia de Él.

¡Qué perspectiva se abre aquí para nosotros con respecto al lugar que las palabras de Dios en Cristo tienen en nuestra vida espiritual! Y especialmente en nuestra oración. En las palabras de un hombre *se revela a sí mismo*. En sus promesas, *Él se da a sí mismo*, Él se une con aquel que recibe su promesa. En sus mandamientos declara su voluntad, busca *hacerse maestro* de aquel cuya obediencia Él reclama, para guiarlo y usarlo como si la persona fuera parte de Él mismo. El ser infinito, Dios, en quien todo es vida y poder, espíritu y verdad, en el más profundo significado de las palabras, por medio de sus palabras, de hecho, se da a sí mismo, y su amor y su vida, su voluntad y su poder, son dados a aquellos que reciben estas palabras, dentro de una comprensión real. En cada promesa, entra en nuestro poder para tomar posesión; en cada mandamiento, entra en nuestro poder para que nosotros compartamos con Él su voluntad, su santidad y su perfección. En La Palabra de Dios Él se da a sí mismo a nosotros; su palabra es nada menos que el Hijo eterno, Cristo Jesús. Y así todas las palabras de Cristo son las palabras de Dios llenas de una vida divina y vigorosa, y llenas de poder: "*Las palabras que yo os he hablado son espíritu y son vida*" (Juan 6:63).

Los que han estudiado el sistema de señales manuales para la comunicación con los sordomudos, nos dicen cuánto depende el poder de hablar del poder de escuchar, y cómo la pérdida del oído en los niños, es seguida por la pérdida del habla. Y esto es verdad en un sentido más amplio: así como escuchamos, así hablamos.

Esto es verdadero en el sentido más alto de nuestra comunión con Dios. Ofrecer una oración, es decir, dar expresión a ciertos deseos y apelar a ciertas promesas, es algo fácil, y puede ser aprendida por un hombre a través de la sabiduría humana. Pero orar en el Espíritu, decir las palabras que alcanzan y tocan a Dios, que afectan e influencian los poderes del mundo invisible; esa oración, esa forma de hablar, depende totalmente de que escuchemos la voz de Dios. Solo hasta donde escuchamos la voz y el idioma que Dios habla, y en las palabras de Dios, recibimos los pensamientos, la mente y la vida de Dios en nuestro corazón, y aprendemos a hablar en la voz y el idioma que Dios escucha. Es el oído del aprendiz, que se despierta cada mañana, que se prepara para la lengua del aprendiz, para hablar con Dios como hombres, como debe ser.

Escuchar la voz de Dios de esta manera, es algo más que el estudio reflexivo de La Palabra. Puede haber un estudio, además del conocimiento de La Palabra, en el cual hay muy poca comunión verdadera con el Dios viviente. Pero también hay una lectura de La Palabra, realizada en la misma presencia del Padre, y bajo la guía del Espíritu, en la cual La Palabra viene a nosotros en el vivo poder de parte de Dios; la voz del Padre es para nosotros una verdadera comunión personal con Él. Es la viva voz de Dios que entra en el corazón, la que trae bendición y fuerza, y despierta la respuesta de una fe viva que alcanza otra vez el corazón de Dios.

El poder para obedecer y para creer, depende de escuchar la voz de Dios de esta manera. Lo más importante es no saber *lo que* Dios ha dicho que nosotros debemos hacer, sino lo que Dios mismo nos dice. No es la ley, ni tampoco el libro, no es el conocimiento de lo que es correcto, lo que obra obediencia, sino la influencia personal de Dios y su comunión viva. Y aún así, no es el conocimiento de lo que Dios ha prometido, sino la presencia de Dios como quien promete, la que despierta la fe y la confianza en la oración.

Solo en la plena presencia de Dios la desobediencia y la incredulidad se hacen imposibles.

"Si permanecéis en mí, *y mis palabras permanecen en vosotros*, pedid lo que queráis y os será hecho". Vemos lo que esto significa. En las palabras, el Salvador se da a sí mismo. Debemos tener las palabras *en nosotros*. Aceptadas en nuestra voluntad y en nuestra vida, reproducidas en nuestra disposición y en nuestra conducta. Debemos tenerlas *permaneciendo* en nosotros: toda nuestra vida como una exposición continuada de las palabras que están dentro y que nos llenan; las palabras que revelan a Cristo por dentro, y nuestra vida que lo revela a Él por fuera.

Es según cómo las palabras de Cristo entran en nuestro corazón y llegan a ser nuestra vida y la influencian, que nuestras palabras entrarán en su corazón y lo influenciarán a Él también. Mi oración dependerá de mi vida; lo que las palabras de Dios son para mí y en mí, mis palabras serán para Dios y en Dios. Si hago lo que Dios dice, Dios hará lo que digo.

Los santos del Antiguo Testamento cuán bien entendieron esta conexión entre las palabras de Dios y las nuestras, ¡y cuán realmente la oración de ellos era la amorosa respuesta a lo que habían escuchado decir a Dios! Si la palabra era una promesa, contaban con que *Dios lo haría tal como lo había dicho*. "*Haz así como has dicho*"; "*Porque tú, Señor, lo has dicho*"; "*Según tu promesa*"; "*Según tu palabra*"; en tales expresiones mostraban que lo que Dios había hablado en promesa, era la raíz y la vida de lo que ellos hablaban en oración. Si la palabra era un mandamiento, simplemente hacían lo que el Señor había hablado: "*Y Abraham partió tal como el Señor lo había dicho*".

La vida de ellos era la comunión con Dios. El intercambio de palabra y de pensamiento. Lo que Dios decía, lo escuchaban y lo hacían; lo que ellos decían, Dios lo escuchaba y lo hacía. En cada palabra que nos habla, la totalidad de Cristo se da a sí mismo para cumplirlas por nosotros. Por cada palabra, Él pide que demos nada menos que la totalidad de nuestras vidas para guardar esa palabra, y para recibir su cumplimiento.

"Si mis palabras permanecen en vosotros"; la condición es simple y clara. En sus palabras, su voluntad es revelada. Y como las palabras permanecen en mí, su voluntad me gobierna; mi voluntad llega a ser la vasija vacía que su voluntad llena, el instrumento dispuesto que Él maneja y que llena mi ser interior. En el ejercicio de la obediencia y la fe, mi voluntad llega a ser cada vez más fuerte, y es llevada a una armonía más perfecta con Él. Él puede confiar plenamente en mi voluntad al desear únicamente lo que Él desea; Él no tiene miedo de dar la promesa: "*Si mis palabras permanecen en vosotros, pedid lo que queráis y os será hecho*". Y todo aquel que crea en ella, y actúe en ella, hará que esta promesa sea literalmente verdadera.

¡Discípulos de Cristo! ¿No nos llega a ser cada vez más claro que mientras hemos excusado nuestras oraciones no contestadas, y nuestra impotencia en la oración, con una supuesta sumisión a la sabiduría y a la voluntad de Dios, la verdadera razón es que nuestra vida débil ha sido la causa de nuestras oraciones débiles? Nada puede hacernos fuertes excepto la palabra que viene a nosotros de la boca de Dios: por medio de esa palabra debemos vivir. Es la palabra de Cristo, amada, vivida, que permanece en nosotros y llega a ser parte de nuestro ser por medio de la obediencia y la acción, la que nos hace uno con Cristo, y nos ajusta espiritualmente para tocar a Dios y para aferrarnos a Él.

Todo lo que es del mundo, pasa; pero el que hace la voluntad de Dios permanece para siempre. Rindamos nuestro corazón y nuestra vida a las palabras de Cristo, las palabras en las cuales el Salvador personal viviente siempre se da **a sí mismo**, y su promesa será nuestra más rica experiencia: *"Si permanecéis en mí, y mis palabras permanecen en vosotros, pedid lo que queráis y os será hecho"*

"Señor, enséñanos a orar"

¡Bendito Señor! Tu lección en este día, una vez más me ha descubierto mi necedad. Veo cómo mi oración no ha sido en fe ni persistente. He estado más ocupado con hablarte a ti que con que tú me hables a mí. No entendía que el secreto de la fe es este: solo puede haber mucha fe, si La Palabra viva mora en el alma.

Y tu palabra me ha enseñado muy claramente: que cada hombre sea pronto para oír, y lento para hablar; que tu corazón no se apresure a pronunciar cosa alguna delante de Dios. Señor, enséñame que solo cuando tu Palabra es aceptada en mi vida, mis palabras son aceptadas en tu corazón; si tu Palabra es un vivo poder dentro de mí, será un vivo poder hacia ti; lo que tu boca ha hablado, tu mano lo hará.

¡Señor! Líbrame del oído incircunciso. Dame el oído abierto del aprendiz, quien se levanta cada mañana para oír la voz del Padre. Así como tú solo hablabas lo que escuchabas, que mi hablar sea el eco de lo que me hablas.

Cuando Moisés entró en el tabernáculo para hablar con Él, escuchó la voz de uno que le hablaba desde el trono de la misericordia. Señor, que así sea también conmigo. Permite que la vida y el carácter lleven esta única marca, que tus palabras que permanecen y son vistas en ellos, sean la preparación para la bendición completa: *"Pedid lo que queráis y os será hecho"*. Amén.

7

"Dad fruto, para que el Padre pueda dar lo que le pedís"

*o, la obediencia, el camino hacia
el poder en la oración.*

*No me elegisteis vosotros a mí, sino que yo os elegí a
vosotros, y os he puesto para que vayáis y llevéis fruto,
y vuestro fruto permanezca; para que todo lo que
pidiereis al Padre en mi nombre, él os lo dé.*
–Juan 15:16

La oración eficaz del justo puede mucho.
–Santiago 5:16

La promesa del Padre en cuanto a dar lo que le pidamos, es renovada una vez más aquí, en tal conexión, como para mostrarnos sobre quiénes la influencia
maravillosa, en la cámara del concilio del Dios altísimo,
es concedida. *"Yo os escogí a vosotros"*, dice el Maestro, *"y
os designé para que vayáis y deis fruto, y que vuestro fruto*

permanezca"; y luego añade, *para que* "todo" lo que pidáis al Padre en mi nombre os lo conceda". Esto no es otra cosa que la expresión más completa de lo que quiso decir con las palabras: "*Si permanecéis en mí*". Él había hablado de esta permanencia como el 'fruto', 'más fruto', y 'mucho fruto'; en esto Dios sería glorificado, y sería vista la marca del discipulado. No me sorprende que ahora Él añada, que en donde la realidad de la permanencia es vista como un fruto abundante y permanente; entonces, sería el requisito para orar y obtener lo que pedimos. La entera consagración al cumplimiento de nuestro llamado, es la condición de la oración eficaz, es la llave de las bendiciones ilimitadas de las maravillosas promesas de Cristo a la oración.

Hay cristianos que temen que tal declaración esté en desacuerdo con la doctrina del don de la gracia. Pero seguramente no del don de la gracia entendido correctamente, ni con tantas expresas declaraciones de la bendita Palabra de Dios. Tome las palabras de san Juan: "*Hijitos míos, no amemos de palabra ni de lengua, sino de hecho y en verdad. Y en esto conocemos que somos de la verdad, y aseguraremos nuestros corazones delante de él (...) y cualquiera cosa que pidiéremos la recibiremos de él, porque guardamos sus mandamientos, y hacemos las cosas que son agradables delante de él*" (1 Juan 3:18-19, 22). O tome las palabras de Santiago a menudo citadas: "*La oración eficaz del justo puede mucho*" (5:16); es decir, la oración de un hombre de quien, según la definición del Espíritu Santo, puede decirse, "*El que practica la justicia es justo, así como él es justo*" (1 Juan 3:7).

Marque el espíritu de muchos de los salmos, con su confiada apelación a la integridad y justicia del que ora. En el Salmo 18:20, 23, 24, David dice: *"El Señor me ha premiado conforme a mi justicia; conforme a la pureza de mis manos me ha recompensado (...) Fui recto para con él, y me he guardado de mi maldad: Por lo cual me ha recompensado Jehová conforme a mi justicia"* (Salmo 18:20-26). (Vea también Salmos 7:3-5, 15:1, 2; 18:3-6; 26:1-6; 119:121, 153). Si consideramos cuidadosamente tales expresiones a la luz del Nuevo Testamento, las encontraremos en perfecta armonía con la enseñanza explícita de las últimas palabras del Salvador: *"Si **guardareis** mis mandamientos, permaneceréis en mi amor"* (Juan 15:10, énfasis añadido); *"Vosotros sois mis amigos si hacéis lo que yo os mando"* (Juan 15:14). De hecho la palabra es de significado literal: "Yo os escogí a vosotros, y os designé para que vayáis y deis fruto, y que vuestro fruto permanezca; *"**para que**"*, y entonces, "todo lo que pidáis al Padre en mi nombre os lo conceda".

Busquemos entrar en el espíritu de lo que el Salvador nos enseña aquí. Existe el peligro en nuestra religión evangélica, de mirar demasiado en lo que ofrece de un solo lado, como una cierta experiencia que puede ser obtenida en oración y en fe. Hay otro lado que La Palabra de Dios señala muy fuertemente: la obediencia, es el único camino hacia la bendición. Lo que necesitamos es darnos cuenta de que en nuestra relación con el ser infinito, a quien llamamos el Dios que nos creó y nos redimió, el primer sentimiento que debe animarnos es el sentir de la sujeción: la rendición a su supremacía, a su gloria, a su voluntad y a su placer, debe ser el primero y más elevado pensamiento de nuestra vida.

La pregunta no es cómo vamos a obtener y a disfrutar su favor, porque en esto lo principal todavía puede ser el ego. Pero lo que este ser en la misma naturaleza de las cosas reclama correctamente, es que su gloria y su placer puedan ser mi único objetivo. Rendirse a su perfecta y bendita voluntad, a una vida de servicio y obediencia, es la belleza y el atractivo del cielo. El servicio y la obediencia, fueron los pensamientos más elevados en la mente del Hijo mientras estuvo en la Tierra. El servicio y la obediencia deben llegar a ser para nosotros lo más importante en nuestros deseos y objetivos, más que el descanso, o la luz, o el gozo o la fuerza: en estos pensamientos encontraremos el camino hacia la más alta bienaventuranza que nos espera.

Solo note qué prominente lugar el Maestro le da, no solo en el capítulo 15, en relación a la permanencia, sino en el capítulo 14, en donde Él habla del Dios trino. En los versículos 15 y 16 tenemos: "*Si* me amáis, *guardaréis* mis mandamientos, y luego el Espíritu os será dado del Padre". Luego en el versículo 21: "El que tiene *mis mandamientos y los guarda*, ése es el que me ama"; y él tendrá el amor especial de mi Padre descansando en él, y la manifestación especial de mí mismo. Y luego otra vez, en el versículo 23, una de las más altas de todas las grandes, supremas y preciosas promesas: "Si alguno me ama, *guardará mi palabra*; y mi Padre lo amará, y vendremos a él, y haremos con él morada".

¿Podrían las palabras expresar más claramente que la

obediencia es el camino hacia la llenura del Espíritu, hacia la revelación del Hijo dentro de nosotros, y a que Él nos prepare otra vez para ser la morada, el hogar del Padre? El morar del Dios trino es la herencia de aquellos que obedecen. La obediencia y la fe son solo dos aspectos de una acción, la rendición a Dios y a su voluntad. Como la fe fortalece para la obediencia, a cambio, la fe es fortalecida por ella: la fe se perfecciona por las obras. Es preocupante el hecho de que muchas veces nuestros esfuerzos han sido inútiles, porque no hemos tomado la única posición en la cual una gran fe es legítima o posible, es decir, una fe de completa rendición para la honra y la voluntad de Dios. Es el hombre que está totalmente consagrado a Dios y a su voluntad, quien verá que el poder viene para reclamar todo lo que su Dios le ha prometido.

La aplicación de esto en la escuela de oración es muy simple, pero muy solemne: *"Yo os escogí a vosotros"*, dice el Maestro, *"y os designé para que vayáis y deis fruto"*, mucho fruto (versículos 5, 8), *"y que vuestro fruto permanezca"*, para que vuestra vida pueda ser una vida de fruto permanente y de productividad permanente, *'para que'*, de esta manera, así como las ramas fructíferas permanecen en mí, *"todo lo que pidáis al Padre en mi nombre os lo conceda"*.

Cuántas veces hemos buscado ser capaces de orar la oración eficaz por mucha gracia para llevar fruto, y nos hemos preguntado por qué la respuesta no viene. Era porque cambiábamos el orden del Maestro. Queríamos tener la comodidad, el gozo y la fuerza primero, para poder hacer la obra fácilmente y sin ningún sentimiento de dificultad ni de sacrificio propio. Y Él quería que nosotros en fe, sin preguntar si nos sentíamos débiles o fuertes, o si la obra era fácil o difícil, en la obediencia de la fe, hagamos lo que Él dijo: el camino del fruto nos habría llevado al lugar y al poder de la oración de fe. La obediencia es el único camino que lleva a la gloria de Dios. No la obediencia en lugar de la fe, ni la obediencia para suplir los defectos de la fe; no, sino la obediencia de la fe que da acceso a todas las bendiciones que nuestro Dios tiene para nosotros. El bautismo del Espíritu (14:16), la manifestación del Hijo (14:21) la morada del Padre (14:23), la permanencia en el amor de Cristo (15:10), el privilegio de su amistad santa (15:14) y el poder de la oración eficaz (15:16), todo esto espera al obediente.

Recordemos las lecciones. Ahora sabemos cuál era la gran razón por la que no teníamos poder en la fe para orar eficazmente. Nuestra vida no era como tenía que haber sido: la obediencia simple y categórica, y la productividad permanente, no eran su marca principal. Y con todo nuestro corazón aprobamos el nombramiento divino: los hombres a quienes Dios dará tal influencia en el gobierno del mundo, así como en sus peticiones para hacer lo que de otra manera no podría hacerse; los hombres cuyas voluntades guían el camino en el que la voluntad de Dios obrará, deben ser hombres que ya hayan aprendido la obediencia, y cuya lealtad y sumisión a la autoridad deben estar por encima de toda sospecha.

Con toda nuestra alma aprobamos la ley: la obediencia

y el fruto, el camino hacia la oración eficaz. Y con lástima reconocemos cuán poco nuestras vidas han llevado este sello. Rindámonos y comprometámonos a aceptar el nombramiento que el Salvador nos da. Estudiemos su relación como Maestro con nosotros. Ya no busquemos más, en cada nuevo día, pensar en el primer lugar de comodidad, o de gozo o de bendición. Dejemos que nuestro primer pensamiento sea: pertenezco al Maestro. Cada momento y en cada movimiento, debo reflejar que soy parte de Él, que soy de su propiedad, que soy parte de Él, que soy alguien que solo busca conocer y hacer su voluntad. Un siervo, un esclavo de Jesucristo; que este sea el espíritu que me anime. Si dice: "*Ya no os llamaré siervos, sino que os he llamado amigos*", aceptemos la condición de amigos: "*Vosotros sois mis amigos, si hacéis lo que yo os mando*".

A lo único que Él nos manda, siendo nosotros sus ramas, es a dar fruto. Vivamos para bendecir a otros, para testificar de la vida y del amor que hay en Jesús. En fe y en obediencia demos toda nuestra vida por aquello para lo que Jesús nos eligió y nos designó, es decir, para dar fruto. Cuando pensemos en que Él nos eligió para esto, y aceptemos nuestra designación tal como viene de Él, de quien siempre da todo lo que demanda, creceremos fuertes en la confianza de que una vida llena de fruto, abundante y permanente, está a nuestro alcance. Y entenderemos por qué solo el llevar fruto puede ser el camino hacia el lugar de toda oración de fe. El hombre, quien en obediencia al Cristo de Dios, prueba que hace lo que su Señor desea, es el hombre por quien el Padre hará cualquier cosa que este le pida: *"Y todo lo que pidamos lo recibimos de él, porque guardamos sus mandamientos y hacemos las cosas que son agradables delante de él.*

"Señor, enséñanos a orar"

¡Bendito Maestro! Enséñame a entender plenamente lo que solo conozco en parte, que es a través de la voluntad de Dios, aceptada y actuada en obediencia a sus mandamientos, que obtenemos el poder para abrazar su voluntad en sus promesas, y para apropiarnos totalmente de ellas en nuestras oraciones. Y enséñame que es en el camino del fruto que el crecimiento más profundo de la rama en la vid puede ser perfeccionada, y es en ese camino que nos extendemos hacia la unidad perfecta contigo, esa unidad en la cual podemos pedir lo que queramos.

¡Oh, Señor! revélanos, oramos a ti y contigo, el Hijo sobre la Tierra, y con todos los hombres de fe que te han glorificado en la tierra, la obediencia a Dios es nuestro más alto privilegio, porque nos da acceso a la unidad con Él en aquello que es su gloria más alta, su perfecta voluntad. Y revélanos, oramos a ti, cómo al guardar tus mandamientos y al llevar fruto según tu voluntad, nuestra naturaleza espiritual crecerá hasta la altura de la plenitud del hombre perfecto, con poder para pedir y recibir cualquier cosa que pidamos.

¡Oh, Señor Jesús! Revélate a nosotros, y la realidad de tu propósito y tu poder para hacer de tus maravillosas promesas, la experiencia diaria de todos los que absolutamente se rinden a ti y a tus palabras. Amén.

8

"En mi Nombre"
o, el ruego triunfante.

Y todo lo que pidiereis al Padre en mi nombre, lo haré, para que el Padre sea glorificado en el Hijo. Si algo pidiereis en mi nombre, yo lo haré (...) para que todo lo que pidiereis al Padre en mi nombre, él os lo dé (...) En aquel día no me preguntaréis nada. De cierto, de cierto os digo, que todo cuanto pidiereis al Padre en mi nombre, os lo dará. Hasta ahora nada habéis pedido en mi nombre; pedid, y recibiréis, para que vuestro gozo sea cumplido (...) En aquel día pediréis en mi nombre; y no os digo que yo rogaré al Padre por vosotros.
–Juan 14:13-14; 15:16; 16:23-24, 26

Hasta aquí los discípulos no habían pedido en el nombre de Cristo, y Él todavía no había usado esa expresión. Lo que más se acerca es, "reunidos en mi nombre". Pero aquí en sus últimas palabras, repite ince-

santemente la palabra en relación con aquellas, promesas de significado ilimitado, "*todo*", "*cualquier cosa*", "*Lo
que queráis*", para enseñarles a ellos y a nosotros que su
nombre es nuestro único ruego, pero que también es suficiente. El poder de la oración y la respuesta dependen del
correcto uso de su nombre.

¿Qué es el nombre de una persona? La palabra o la
expresión por la que la persona es llamada o identificada.
Cuando menciono o escucho un nombre, ese nombre vi-
sualiza delante de mí a la totalidad de la persona, lo que sé
de ella, y también la impresión que ella ha causado en mí.
El nombre de un rey, incluye su honor, su poder y su reino.
Su nombre es el símbolo de su poder. Y asimismo, cada
nombre de Dios encarna y representa alguna parte de la
gloria del Invisible. Y el nombre de Cristo es la expresión
de todo lo que Él ha hecho, y de todo lo que es y vive para
hacer como nuestro mediador.

¿Y qué es hacer una cosa en nombre de otro? Es venir
con el poder y la autoridad de ese otro, como su representante y substituto. Sabemos cómo el uso del nombre de
otra persona siempre supone una comunidad de intereses.
Nadie daría a otro el libre uso de su nombre, sin primero
asegurarse de que su honor y sus intereses estén a salvo
con esa persona como consigo mismo.

¿Y qué pasa cuando Jesús nos da poder en su nombre,
el libre uso de él, con la seguridad de que cualquier cosa
que pidamos en ese nombre nos será dada? La comparación de una persona que da a otra, en alguna ocasión especial, la libertad de pedir algo en su nombre, es totalmente

inadecuado aquí; Jesús solemnemente da a *todos* sus discípulos un poder general e ilimitado para el libre uso de su nombre en *todo* tiempo, y para *todo* lo que deseen.

Él no habría hecho esto si no hubiera sabido que podía confiarnos sus intereses, para que su honor estuviera a salvo en nuestras manos. El libre uso del nombre de otra persona siempre es una señal de gran confianza, y de una unión cercana. Aquel que da su nombre a otro, se pone a un lado, para dejar que el otro actúe por él; aquel que toma el nombre de otro, abandona el suyo como un nombre que no tiene ningún valor. Cuando voy en nombre de otra persona, me niego a mí mismo, no solo tomo su nombre, sino a él y a lo que él es, en lugar de yo mismo y de lo que soy.

El uso del nombre de una persona puede ser permitido en virtud de una *unión legal*. Un comerciante, al salir de su casa y de sus negocios, da a su empleado más importante un poder general, por medio del cual puede recibir miles de dólares en nombre del comerciante. El empleado hace esto, no para él, sino por los intereses del negocio. Es porque el comerciante conoce y confía en su empleado, porque sabe que está totalmente dedicado a sus intereses y a sus negocios, que se atreve a dejar su nombre y su propiedad bajo su mando. Cuando el Señor Jesús se fue al cielo, dejó su obra, dejó el manejo de su reino en la Tierra en manos de sus siervos. No podía hacer otra cosa que también darles su nombre, para acercarles todas las provisiones que les fueran necesarias para el debido manejo de su negocio. Y ellos tenían el poder espiritual para aprovechar el nombre de Jesús, hasta el punto en que se rindan a vivir solamente por los intereses y la obra del Maestro. El uso del nombre siempre supone la rendición de nuestros intereses ante aquel a quien representamos.

El uso del nombre de otra persona también puede ser permitido en virtud de *la unión de una vida*. En el caso del comerciante y su empleado, la unión es temporaria. Pero sabemos que la unidad de vida en la tierra produce unidad de nombre: un hijo tiene el nombre del padre porque tiene la vida de él. Y muchas veces el hijo de un buen padre ha sido honrado o ayudado por otros por causa del nombre que llevaba. Pero esto no duraría mucho tiempo si se encontrara que solo era un nombre, y que el carácter del padre faltaba. El nombre y el carácter o el espíritu, deben estar en armonía.

Cuando ese es el caso, él tendrá un doble reclamo en los amigos del padre: el carácter asegura y aumenta el amor y la estima dados a favor del nombre. Así también es con Jesús y el creyente; somos uno, tenemos una vida y un Espíritu con Él; por esta razón podemos utilizar su nombre. Nuestra oración, al usar ese nombre, ya sea con Dios o con los hombres, o con los demonios, *depende de la medida de nuestra unión de vida espiritual*. El uso del nombre descansa en la unidad de vida; el nombre y el Espíritu de Jesús son uno.[6]

---

6 "*Y todo lo que pidáis en mi nombre*", es decir, en mi naturaleza; porque las cosas con Dios son llamadas según su naturaleza. Pedimos en el nombre de Cristo, no como cuando decimos al final de alguna petición "Pido esto en el nombre de Jesucristo", sino como cuando oramos según

O la unión que autoriza el uso del nombre de Jesús, puede ser *la unión de amor*. Cuando una novia cuya vida ha sido una vida de pobreza, llega a unirse al novio, ella deja de usar su propio nombre para ser llamada por el de él, y ahora tiene el pleno derecho de usarlo. Ella compra en el nombre de él, y ese nombre no es rechazado. Y esto es posible porque el novio ha elegido a la novia para sí y cuenta con que ella cuidará de sus intereses: Ahora ellos son uno. Y así también el novio celestial, no puede hacer nada menos; al habernos amado y hecho uno con Él, lo único que Él puede hacer es dar a todos aquellos que llevan su nombre, el derecho a presentarlo delante del Padre, o a llevarlo a Él mismo por todo lo que necesiten.

Y no hay nadie que realmente se dé a sí mismo para vivir en el nombre de Jesús, que no reciba, en medida creciente, la capacidad espiritual para pedir y recibir en ese nombre todo lo que desea. El hecho de llevar el nombre de otra persona, supone el abandono de mi nombre propio, además del abandono de mi vida independiente; pero entonces, como ciertamente sucederá, tendré el derecho a poseer todo lo que hay en el nombre que he tomado en lugar del mío.

Estas ilustraciones nos muestran cuán defectuoso es el punto de vista común de un mensajero enviado a pedir en nombre de otra persona, o de un culpable que apela

---

su naturaleza, que es amor, que no busca lo suyo sino solo la voluntad de Dios, además del bien de todas las criaturas. Tal pedido es el clamor de su Espíritu en nuestros corazones. Jukes, *El nuevo hombre*.

al nombre de alguna fianza. Pero Jesús está con el Padre; no está ausente Aquel en cuyo nombre venimos. Incluso cuando oramos a Jesús, debemos hacerlo en su nombre. El nombre representa a la persona; pedir en el nombre de Jesús es pedir en completa unión de intereses, de vida y de amor con Él, como alguien que vive en y para Él. Si solo el nombre de Jesús tiene una supremacía no dividida en mi corazón y en mi vida, mi fe crecerá en la seguridad de que lo que pida en este nombre, no podrá ser rechazado.

El nombre y el poder para pedir van juntos: cuando el nombre de Jesús haya llegado a ser el poder que gobierne mi vida, su poder con Dios en la oración también será visto.

De este modo vemos que todo depende de nuestra relación con el nombre: el poder que tiene en mi vida es el poder que tendrá en mis oraciones. Hay más de una expresión en La Escritura que puede aclararnos esto. Cuando dice: *"Hacedlo todo* en el nombre del Señor Jesús", vemos cómo esto es el complemento del otro: *"Pedid todo"*. Hacer todo y pedir todo en su nombre, van juntos. Cuando leemos: *"Nosotros con todo andaremos en el nombre de Jehová nuestro Dios eternamente y para siempre"* (Miqueas 4:5), vemos cómo el poder del nombre debe gobernar en toda la vida; solo entonces el nombre tendrá poder en la oración. Dios no mira los labios, sino a la vida, para ver lo que el nombre es para nosotros.

Cuando La Escritura habla de "hombres que han dado sus vidas por el nombre del Señor Jesús", o de uno que está "preparado para morir por el nombre de nuestro Señor Jesús", vemos como debe ser nuestra relación con el nombre: cuando todo es para mí, el nombre obtendrá todo para mí, si le permito tener todo lo que yo tengo, el nombre me permitirá tener todo lo que Él tiene.

"**Todo** lo que pidáis en mi nombre, lo haré". Jesús quiere que interpretemos esta promesa literalmente. Los cristianos han buscado limitarla: parecía demasiado fácil; era demasiado inseguro confiar en el hombre tan incondicionalmente. No entendíamos que la palabra "en mi nombre" es su propia seguridad. Es un poder espiritual que ninguno puede usar más allá de obtener la capacidad, por medio de su vivir y de su actuar en ese nombre.

Así como llevemos ese nombre delante de los hombres, tendremos el poder para usarlo delante de Dios. Roguemos para que el Espíritu Santo de Dios nos muestre lo que significa el nombre de Jesús, y cuál es su uso correcto. Es a través del Espíritu que el nombre, que es sobre todo nombre en el cielo, tomará el lugar de supremacía en nuestro corazón y también en nuestra vida.

¡Discípulos de Jesús! Permitan que las lecciones de este día, entren hasta lo profundo de sus corazones. El Maestro dice: solo orad en mi nombre; todo lo que pidáis os será dado. El cielo está abierto para ustedes; los tesoros y los poderes del mundo del espíritu, son puestos a su disposición, y a favor de los hombres a su alrededor. ¡Vamos, y aprendamos a orar en el nombre de Jesús! Como a sus discípulos, Él nos dice: "Hasta ahora nada habéis pedido en mi nombre; pedid y recibiréis".

Que cada discípulo de Jesús busque aprovechar los derechos de su real sacerdocio, y usar el poder puesto a su disposición para su círculo y para su trabajo. Que los cristianos despierten y escuchen el mensaje: sus oraciones pueden obtener lo que de otra manera sería negado, pueden realizar lo que de otra manera no podría realizarse. ¡Despierten y usen el nombre de Jesús para abrir los tesoros de los cielos para este mundo que perece! Aprendan como los siervos del rey, a usar su nombre: "*Todo lo que pidáis en mi nombre, lo haré*".

"Señor, enséñanos a orar"

¡Bendito Señor! Es como si cada lección que me das tiene tal plenitud y tal profundidad en su significado, que si tan solo aprendiera una sola de ellas, sabría cómo orar correctamente. En este día siento una vez más como si necesitara solo una oración cada día: ¡Señor! Enséñame qué es orar en tu nombre. Enséñame a vivir y a actuar de esta manera, y a caminar, a hablar y a hacer todo en el nombre de Jesús, para que mi oración no sea una oración más, sino una oración en ese bendito nombre.

¡Y enséñame Señor! a aceptar la preciosa promesa en cuanto a que **todo** lo que pida en tu nombre, tú lo harás, y el Padre lo dará. Aunque todavía no lo entienda completamente, y menos aún lo haya logrado plenamente, la maravillosa unión que tú expresaste cuando dijiste, **en mi nombre**, aceptaría la promesa hasta que llene mi corazón con la absoluta seguridad: cualquier cosa en el nombre de Jesús.

¡Oh, mi Señor! permite que el Espíritu Santo me enseñe esto. Tú dijiste de Él: "El Consolador, a quien el Padre enviaría en **mi nombre**". Él sabe que es ser enviado desde el cielo en tu nombre, para revelar y honrar el poder de ese nombre en tus siervos, para usar solo ese nombre y así glorificarte. ¡Señor Jesús! Deja que el Espíritu more en mí, y que me llene. Rindo todo mi ser a su gobierno y a su guía. Tu nombre y tu Espíritu son uno; por medio de Él, tu nombre será la fuerza de mi vida y de mi oración. Entonces seré capaz de dejar todo por causa de tu nombre, y en tu nombre hablar con los hombres y con Dios, y probar que tu nombre, verdaderamente, es el nombre sobre todo nombre.

¡Señor Jesús! Enséñame por tu Espíritu a orar en tu nombre. Amén.

NOTA

¿Qué quiere decir orar en el nombre de Cristo? No quiere decir simplemente aparecer delante de Dios con fe y meditar en el Salvador. Cuando los discípulos le pidieron a Jesús que les enseñara a orar, les proporcionó peticiones. Y después Jesús les dijo: *"Hasta ahora nada habéis pedido en mi nombre"*. Hasta que el Espíritu vino, las siete peticiones de la oración del Señor estaban como si fueran inactivas dentro de ellos. Cuando por el Espíritu Santo, Cristo descendió en sus corazones, ellos deseaban las mismas bendiciones que Cristo, como nuestro Sumo Sacerdote, obtiene para nosotros por medio de su oración desde el Padre. Y tales peticiones son contestadas. El Padre está dispuesto a dar lo que Cristo pide. El Espíritu de Cristo constantemente nos enseña y nos influencia para que ofrezcamos las peticiones que Cristo ratifica y presenta al Padre. Orar en nombre de Cristo es, en consecuencia, estar identificado con Cristo como nuestra justicia, y estar identificado con Cristo en nuestros deseos por el Espíritu Santo que mora en nosotros. Orar en el Espíritu, orar conforme a la voluntad del Padre, y orar en el nombre de Cristo, son expresiones idénticas. El Padre mismo nos ama y está dispuesto a escucharnos: dos intercesores, Cristo, el Abogado de arriba, y el Espíritu Santo, el Abogado de nuestro interior, son los regalos de su amor.

Este concepto puede parecer al principio menos consolador que un punto de vista común, el cual remite la oración en el nombre de Cristo, principalmente a nuestra confianza en el mérito de Cristo. El defecto de esta opinión es que no combina la intercesión del Salvador con la voluntad del Padre, y con la ayuda del Espíritu en la oración. Tampoco comprende totalmente la mediación de Cristo; porque la mediación no consiste solamente en que por causa de Cristo, el santo Padre es capaz de tomarme en cuenta y de considerar mi oración; sino también, en que Cristo mismo presenta mis peticiones como sus peticiones, deseadas por Él para mí, incluso como si todas las bendiciones fueran compradas para mí por su preciosa sangre.

En toda oración, la única condición esencial es que debemos ser capaces de ofrecer nuestra oración en el nombre de Jesús, como conforme a su deseo por nosotros, conforme a la voluntad del Padre y conforme a la enseñanza del Espíritu.

Y orar en el nombre de Jesús de esta manera, es imposible sin un examen de conciencia, sin reflexión, sin abnegación; en resumen, sin la ayuda del Espíritu. Saphiv, *The Lord's Prayer*, (La oración del Señor), pp. 411, 142.

9

"En aquel Día"
o, el Espíritu Santo y la oración.

*En **aquel día** no me preguntaréis nada. De cierto,*
*de cierto os digo, que todo cuanto **pidiereis** al*
*Padre en mi nombre, os lo dará. **Hasta ahora***
nada habéis pedido en mi nombre; pedid, y
***recibiréis**, para que vuestro gozo sea cumplido.*
Estas cosas os he hablado en alegorías; la hora
viene cuando ya no os hablaré por alegorías, sino
que claramente os anunciaré acerca del Padre.
***En aquel día** pediréis en mi nombre; y no os*
digo que yo rogaré al Padre por vosotros.
–Juan 16:23-26, énfasis añadido

"Orando en el Espíritu Santo, conservaos
en el amor de Dios".
–Judas 20-21

L as palabras de Juan (1 Juan 2:12-14) a los hijos, a los
jóvenes y a los padres, sugiere el pensamiento de que

en la vida cristiana muchas veces hay tres grandes etapas de experiencia. La primera, la experiencia del hijo recién nacido, con la seguridad y el gozo del perdón. La segunda, la etapa de transición, de la lucha y el crecimiento en el conocimiento y en la fuerza: los jóvenes se hacen fuertes. La Palabra de Dios hace su obra en ellos y les da victoria sobre el maligno. Y luego, la etapa final de madurez: los padres, que han entrado profundamente en el conocimiento y la comunión del que es eterno.

En la enseñanza de Cristo sobre la oración parece haber tres etapas en la vida de oración, que de alguna manera son análogas. En el Sermón del Monte tenemos la etapa inicial: su enseñanza está comprimida en una palabra: Padre. Ora a tu Padre, tu Padre ve, escucha, sabe, y recompensará: ¡cuánto más que cualquier padre terrenal! Solo sé como niño y sé confiado.

Después viene algo como la etapa de transición entre el conflicto y la conquista, en palabras como estas: *"Esta clase no sale sino con oración y ayuno"*; *"¿Y no hará Dios justicia a sus escogidos, que claman a él día y noche?"*; y luego en las últimas palabras tenemos, una etapa más alta. Los jóvenes se han convertido en hombres: ahora son amigos del Maestro, de quienes Él no tiene ningún secreto, a quienes dice: *"Os he dado a conocer todo lo que he oído de mi Padre"*; y a quienes, en su tantas veces repetido *"todo lo que pidáis"*, Él confiere las llaves del Reino. Ahora ha llegado el tiempo de que el poder de la oración en su nombre sea probado.

El contraste está entre etapa final y las etapas preparatorias que nuestro Salvador señala con más claridad en las palabras en las que debemos meditar: *"Hasta ahora nada habéis pedido en mi nombre"*; *"En aquel día pediréis en mi nombre"*. Sabemos lo que *"en aquel día"* significa. Es el día del derramamiento del Espíritu Santo. La gran obra que Cristo haría en la cruz, el maravilloso poder y la completa victoria que sería manifestada en su resurrección y ascensión, publicarían como nunca antes la venida de la gloria de Dios para morar en los hombres.

El Espíritu del Jesús glorificado vendría y sería la vida de sus discípulos. Y una de las marcas de esa maravillosa dispensación espiritual, sería un poder en la oración hasta ese momento desconocida; es decir, la oración en el nombre de Jesús, que pide y obtiene todo lo que desearan, sería la manifestación de la realidad de la presencia del Espíritu.

Para entender cómo la venida del Espíritu Santo, de hecho, era para comenzar una nueva época en el mundo de la oración, debemos recordar quién es Él, cuál es su obra y qué significa el hecho de que Él no podía ser dado hasta que Cristo fuera glorificado. Es en el Espíritu que Dios existe, porque Él es Espíritu. Es en el Espíritu que el Hijo es el unigénito del Padre. Es en la comunión del Espíritu que el Padre y el Hijo son uno. Es en el eterno e incesante dar al Hijo, lo cual es el privilegio del Padre, y en el eterno pedir y recibir del Hijo, lo cual es el derecho y la bienaventuranza del Hijo; por medio del Espíritu, que esta comunión de vida y amor es mantenida.

Ha sido así desde toda la eternidad. Es así especialmente ahora, cuando el Hijo como mediador, solo vive para orar.

La gran obra que Jesús empezó en la tierra de reconciliar

en su propio cuerpo a Dios y al hombre, la continúa en el cielo. Para lograr esto, tomó en su persona el conflicto entre la justicia de Dios y nuestro pecado. En la cruz, de una vez por todas, Él terminó la lucha en su propio cuerpo. Y luego ascendió al cielo, para que desde allí, pueda en cada miembro de su cuerpo llevar a cabo la liberación y manifestar la victoria que ya obtuvo. Es para hacer esto que siempre vive para orar; en su incesante intercesión Él entra en viva comunión con la incesante oración de sus redimidos. O más bien, es su incesante intercesión que se muestra en las oraciones de ellos, y les da un poder que nunca han tenido.

Y hace esto a través del Espíritu. El Espíritu Santo, el Espíritu del Jesús glorificado no había sido dado (Juan 7:39), ni se podía, hasta después que Jesús fuera glorificado. Este regalo del Padre era algo característicamente nuevo, totalmente diferente a lo que los santos del Antiguo Testamento habían conocido.

La obra que la sangre llevó a cabo en el cielo cuando Cristo entró detrás del velo, fue algo muy verdadero y totalmente nuevo; la redención de nuestra naturaleza humana en comunión con el poder de su resurrección y su gloriosa exaltación, fue intensamente muy real.

El empezar de nuestra humanidad en Cristo en la vida del Dios trino, fue un evento de tan increíble significado, que el Espíritu Santo, quien tuvo que venir de la humanidad exaltada de Cristo para testificar en nuestros corazones de lo que Cristo había logrado; de hecho, ya no era más solamente lo que había sido en el Antiguo Testamento.

Fue literalmente cierto que "el Espíritu Santo no había sido dado todavía, pues Jesús aún no había sido glorificado". Él vino primero como el Espíritu del Jesús glorificado. Incluso como el Hijo, quien era Dios desde la eternidad, y que había entrado en una nueva existencia como hombre, y volvió al cielo con lo que antes no tenía. Por eso, el bendito Espíritu, a quien el Hijo, en su ascensión, recibió del Padre (Hechos 2:33) en su humanidad glorificada, vino a nosotros con una nueva vida.

En el Nuevo Testamento, fue invocado como el Espíritu de Dios: en el Pentecostés, descendió como el Espíritu del Jesús glorificado, trajo y dio a conocer el fruto pleno y el poder de la redención alcanzada.

Es en la intercesión de Cristo que es mantenida la continua eficacia y aplicación de su redención. Y es a través del Espíritu Santo que desciende desde Cristo a nosotros, que somos arrastrados en el gran río de sus oraciones siempre ascendentes.

El Espíritu ora por nosotros sin palabras: en las profundidades de un corazón en donde aún los pensamientos a veces no tienen forma, el Espíritu nos lleva hacia arriba en el maravilloso fluir de la vida del Dios trino. Por medio del Espíritu, las oraciones de Cristo se convierten en nuestras, y las nuestras son hechas de Él: nosotros pedimos lo que deseamos, y se nos es dado. Luego, entendemos de la experiencia: *"Hasta ahora nada habéis pedido en mi nombre. En aquel día pediréis en mi nombre"*.

¡Hermano! Por lo que necesitamos orar en el nombre de Cristo, para pedir que podamos recibir para que nuestro gozo sea completo, es por el bautismo de su Espíritu Santo. Esto es más que el Espíritu de Dios en el Antiguo Testamento. Esto es más que el Espíritu de conversión y regeneración que los discípulos tenían antes del Pentecostés. Esto es más que el Espíritu con una medida de su influencia y su de su obra. Este es el Espíritu Santo, el Espíritu del Jesús glorificado en su poder de exaltación, que viene a nosotros como el Espíritu del Jesús que mora en nosotros y revela al Padre y al Hijo en nuestro interior (Juan 14:16-23).

Es cuando este Espíritu es el Espíritu, no de nuestras horas de oración, sino de toda nuestra vida y de nuestro caminar, cuando este Espíritu glorifica a Jesús en nosotros al revelar la integridad de su obra, y al hacernos completamente uno con Él y como Él, que podemos orar en su nombre, porque en verdad somos uno con Él.

Entonces es que tenemos la proximidad del acceso al Padre, del cual Jesús dice: *"No digo que yo rogaré al Padre por vosotros"*. ¡Oh!, necesitamos entender y creer que ser llenos de esto, ser llenos del Espíritu de aquel que fue glorificado, es la única necesidad del creyente pueblo de Dios. Entonces entenderemos lo que es "estar orando en todo tiempo en el Espíritu con toda oración y súplica", y lo que es "orar en el Espíritu Santo, para mantenernos en el amor de Dios". "*En aquel día* pediréis en mi nombre".

Y así, una vez más, viene la lección: la eficacia de nuestras oraciones depende de lo que somos y de lo que nuestra vida es. Es viviendo en el nombre de Cristo, porque este es el secreto de orar en el nombre de Cristo; vivir en el

Espíritu, porque es necesario para la oración en el Espíritu. Es permaneciendo en Cristo, porque esto nos da el derecho y el poder para pedir lo que queramos: la magnitud de la permanencia en Él es la medida exacta del poder en la oración. Es el Espíritu que mora en nosotros el que ora, no siempre con palabras y pensamientos, sino en un respiro y en una existencia más profundos que las palabras.

Simplemente, tanto como haya del Espíritu de Cristo en nosotros, habrá oración verdadera. Nuestras vidas, ¡oh, permite que nuestras vidas sean llenas de Cristo y llenas de su Espíritu, y las maravillosamente ilimitadas promesas a nuestras oraciones no volverán más a parecer desconocidas! *"Hasta ahora nada habéis pedido en mi nombre; pedid y recibiréis, para que vuestro gozo sea completo. En aquel día pediréis en mi nombre. En verdad, en verdad os digo: si pedís algo al Padre, os lo dará en mi nombre".*

"Señor, enséñanos a orar"

¡Oh, mi Dios! En santo temor me inclino delante de ti, el Dios trino. Otra vez he visto cómo el misterio de la oración es el misterio de la Santa Trinidad. Adoro al Padre quien siempre escucha, y al Hijo quien vive para orar, y al Espíritu Santo, que procede del Padre y del Hijo, para llevarnos a la comunión de ese incesante y siempre bendecido pedir y recibir. Me postro en adoración, mi Dios, delante de la infinita condescendencia que, de esta manera, a través del Espíritu Santo, nos lleva a nosotros y a nuestras oraciones hacia el interior de la vida divina y a su comunión de amor.

¡Oh, mi bendito Señor Jesús! Enséñame a entender tu lección, que es la presencia del Espíritu derramada por ti, que se une a ti, y que es el Espíritu de la oración. Enséñame qué es un vaso totalmente consagrado, para rendir mi vida a su ser. Enséñame a honrarlo y a confiar en Él, como en una persona viva, para que guíe mi vida y mi oración. Especialmente, enséñame en oración a esperar en santo silencio, y a darle lugar para que Él respire en mi interior su intercesión indecible. Y enséñame que por medio de Él es posible orar sin cesar, y orar sin fracasar, porque Él me hace partícipe de la incesante y segura intercesión en la cual tú, el Hijo, te muestras delante del Padre. Sí Señor, cumple en mí tu promesa. En aquel día pediréis en mi nombre. *"En verdad, en verdad os digo, todo lo que pidáis al Padre en mi nombre, él os lo dará"*. Amén.

NOTA

La oración muchas veces ha sido comparada con la respiración: solo tenemos que llevar a cabo la comparación en su totalidad, para ver cuán maravilloso es el lugar que ocupa el Espíritu Santo. Cada vez que espiramos, expulsamos el aire impuro que rápidamente podría causar nuestra muerte, e inhalamos nuevamente el aire fresco al cual debemos nuestra vida. Así también, al confesar nuestros pecados, expresamos o sacamos de nosotros las necesidades y los deseos de nuestro corazón. Y al volver a respirar, inhalamos el aire fresco de las promesas, del amor y de la vida de

Dios en Cristo. Hacemos esto por medio del Espíritu Santo, quien es la respiración de nuestra vida.

Y Él es nuestra respiración porque también es la respiración de Dios. El Padre lo respira a Él dentro de nosotros, para unirlo con nuestra vida. Y luego, así como a cada espiración le sigue la acción de la respiración, así Dios introduce nuevamente su respiración, y luego el Espíritu vuelve a Él cargado con los deseos y las necesidades de nuestros corazones. Y de este modo el Espíritu Santo es la respiración de la vida de Dios, y la respiración de la nueva vida en nosotros. Cuando Dios se exhala a sí mismo, nosotros lo recibimos en respuesta a nuestra oración; cuando nosotros lo exhalamos nuevamente, Él se eleva hacia Dios cargado con nuestras súplicas. Así como el Espíritu de Dios, en quien el Padre y el Hijo son uno, y la intercesión del Hijo alcanza al Padre, así también Él es para nosotros el Espíritu de la oración.

La oración es la experiencia viva de la verdad de la Santa Trinidad. La respiración del Espíritu, la intercesión del Hijo y la voluntad del Padre, estos tres, son uno en nosotros.

10

"He rogado por ti"
o, Cristo el intercesor.

Pero yo he rogado por ti, que tu fe no falte.
–Lucas 22:32

No os digo que yo rogaré al Padre por vosotros.
–Juan 16:26

Viviendo siempre para interceder por ellos.
–Hebreos 7:25

Todo crecimiento en la vida espiritual está relaciona-
do con el concepto más claro en cuanto a lo que
Jesús es para nosotros. Cuanto más me doy cuenta de que
Cristo debe ser todo para mí y en mí, de que en Cristo
todo es realmente para mí, más aprendo a vivir la verdadera vida de la fe, la cual, al morir al ego, vive totalmente
en Cristo.

La vida cristiana ya no es más la lucha vana por la vida
correcta, sino el descanso en Cristo y en las fuerzas que
encontramos en Él, quien es nuestra vida, para pelear la
batalla y obtener la victoria de la fe. Esto es especialmente

propio de la vida de la oración. Así como exclusivamente también llega bajo la ley de la fe, y es vista en la plenitud y la integridad que hay en Jesús, el creyente entiende que la oración ya no necesita ser más un asunto de tensión o de ansiosa preocupación, sino una experiencia de lo que Cristo hará por él y en él; una participación en la vida de Cristo, la cual, como en la tierra, así también en el cielo, siempre asciende al Padre como oración.

Y él empieza a orar, no solo confía en los méritos de Jesús o en la intercesión por la que nuestras indignas oraciones son hechas aceptables, sino en esa cercana unión en virtud de la cual Él ora en nosotros y nosotros en Él. La totalidad de la salvación es Cristo mismo: Él se dio a **sí mismo** a nosotros; Él vive en nosotros. Porque Él ora, nosotros también oramos. Así como los discípulos, cuando vieron a Jesús orar, le pidieron que los hiciera partícipes de lo que Él sabía acerca de la oración, así nosotros, que ahora lo vemos como intercesor en el trono, sabemos que nos hace participar con Él de la vida de oración.

Cuán claramente aparece esto en la última noche de su vida. En su oración sacerdotal (Juan 17), nos muestra cómo y qué tenía que orar al Padre, y que oraría luego de haber ascendido al cielo. Y en sus palabras de despedida, muy repetidamente, también relacionaba su partida al Padre con la nueva vida de oración de *ellos*. Para estar conectados definitivamente: su entrada en la obra de su eterna intercesión *sería el principio y el poder de ellos en la nueva vida de oración en el nombre de Jesús*: es ver a Jesús en su intercesión lo que nos da poder para orar en su nombre:

todo derecho y poder de la oración, es de Cristo; Él nos hace compartir en su intercesión.

Para entender esto piense primero en *la intercesión de Jesús*: Él vive perpetuamente para interceder. La obra de Cristo en la tierra como sacerdote era solo un comienzo. Tal como Aarón, Jesús derramaba su sangre. Es como Melquisedec, porque ahora vive detrás del velo para continuar su obra.

Así como Melquisedec es más glorioso que Aarón, lo mismo sucede en la obra de intercesión, porque la expiación[7] tiene su verdadero poder y gloria. *"Cristo Jesús es el que murió, **más aún**, el que también resucitó, el que además está a la diestra de Dios, el que también intercede por nosotros"* (Romanos 8:34, énfasis añadido).

Esa intercesión es una intensa realidad, una obra que es absolutamente necesaria, y sin la cual, la aplicación continua de la redención no puede ser posible. En la encarnación y la resurrección de Jesús tuvo lugar la maravillosa reconciliación, por la que el hombre llegó a ser partícipe de la vida y de la bienaventuranza divinas.

Sin embargo, la verdadera apropiación personal de esta reconciliación en cada uno de sus miembros aquí abajo, no puede ser posible sin el incesante ejercicio de su divino poder desde el cielo. En toda conversión y santificación,

---

7   Vea la diferencia entre tener a Cristo como el abogado o el intercesor que permanece fuera de nosotros, y tenerlo dentro de nosotros; nosotros permanecemos en Él y Él en nosotros por medio del Espíritu Santo, que perfecciona nuestra unión con Él, de tal manera que podemos llegar directamente al Padre en su nombre.

en cada victoria sobre el pecado y sobre el mundo, hay una verdadera operación del poder de Aquel que es poderoso para salvar. Y este ejercicio de su poder solo tiene lugar por medio de su oración. Él pide al Padre y recibe del Padre. "*Él puede* salvar hasta lo sumo, *porque* vive para interceder". No hay una necesidad de su pueblo, sino que recibe en la intercesión lo que el supremo Dios tiene para dar: su mediación en el trono es tan real e indispensable como lo fue en la cruz. Nada tiene lugar sin su intercesión: la intercesión compromete todo su tiempo y su poder, es su permanente ocupación a la derecha del Padre.

Y nosotros participamos no solo de los beneficios de su obra, sino de la obra misma. Y es así, porque somos su cuerpo. El cuerpo y los miembros son uno: *"La cabeza no puede decir a los pies, no os necesito"*. Compartimos con Jesús en todo lo que es y en todo lo que tiene: *"La gloria que me has dado, se las he dado a ellos"*. Somos partícipes de su vida, de su justicia y de su obra: participamos con Él también en su intercesión; no es una obra que hace sin nosotros.

Hacemos esto porque somos partícipes de su vida: "Cristo es nuestra vida"; "Ya no vivo yo, más Cristo vive en mí". La vida en Él y en nosotros es idéntica, es una y es la misma. Su vida en nosotros es *una vida de oración permanente*. Cuando esa vida desciende y toma posesión de nosotros, no pierde su carácter; en nosotros también es la vida de oración permanente; una vida que sin cesar pide y recibe de Dios.

Y esto no es como si hubiera dos corrientes separadas

de oraciones que se elevan a lo alto, una de Él y otra de su pueblo. No, sino que la sustancial unión con la vida es también la unión con la oración: lo que Él ora pasa a través de nosotros, y lo que nosotros oramos pasa a través de Él. Él es el ángel con el incensario de oro: *"Otro ángel vino y se paró ante el altar, con un incensario de oro; y se le dio mucho incienso"*, el secreto de la oración aceptable, *"para añadirlo a las oraciones de todos los santos, sobre el altar de oro que estaba delante del trono"* (Apocalipsis 8:3). Nosotros vivimos y permanecemos en Él, en aquel que intercede.

El único unigénito es el único que tiene derecho a orar: a Él solo le fue dicho: *"Pedid, y se os dará"*. Como en todas las otras cosas la plenitud habita en Él, y así también la verdadera plenitud de la oración; solo Él tiene el poder de la oración. Y es así como el crecimiento de la vida espiritual consiste en el conocimiento más claro de que todos los tesoros están *en Él*. Y que nosotros también estamos *en Él*, para recibir cada momento lo que poseemos en Él, gracia por gracia, y así también con la vida de oración.

Nuestra fe en la intercesión de Jesús no solo debe ser que Él ora en nuestro lugar, cuando no oramos o cuando no podemos orar, sino que como el autor de nuestra vida y de nuestra fe, nos lleva a orar en perfecta armonía con Él. Nuestra oración también debe ser una obra de fe en este sentido, para que así como sabemos que Jesús hace conocer toda su vida en nosotros, también de esa vida de oración, que es solo de Él, respire en nosotros nuestras oraciones.

Para muchos un creyente entraba en una nueva etapa

de su vida espiritual cuando le era revelado cuán cierta y totalmente Cristo era la vida de él, y que permanecía como garantía de su remanente fiel y obediente.

Era entonces que realmente empezaba a vivir una *vida de fe*. No menos bendecido será el descubrimiento de que Cristo es también la garantía de nuestra vida de oración, el centro y la encarnación de toda oración a ser comunicada por Él, por medio del Espíritu Santo a su pueblo. *"Él vive perpetuamente para interceder"*, como la cabeza del cuerpo, como el líder en ese nuevo y vivo camino que Él ha abierto, como el autor y consumador de nuestra fe.

Él provee en todo para sus redimidos al poner su propia vida en ellos: se preocupa por la vida de oración de ellos, al aceptarlos en su vida de oración celestial, y al dar y mantener su vida de oración dentro de ellos. *"He rogado por ti"*, no para resignar tu innecesaria fe, sino "para que *tu fe* no falle": nuestra fe y nuestra oración de fe está arraigada en la de Él: *"Si permanecéis en mí"*, es el eterno intercesor que ora conmigo y en mí: *"Pedid lo que queráis, y os será concedido"*.

El pensamiento de nuestra comunión en la intercesión de Jesús nos recuerda lo que enseñó más de una vez en el pasado, cómo todas estas maravillosas promesas a la oración tienen como su objetivo y su justificación, la gloria de Dios en la manifestación de su reino y la salvación de los pecadores.

Mientras solo o principalmente oremos por nosotros, las promesas de la última noche permanecerán como un libro sellado para nosotros. Es a las ramas de la vid que dan fruto; es a los discípulos que son enviados al mundo tal como el Padre envió a Jesús, para vivir por aquellos que perecen; es a sus siervos fieles y a sus amigos íntimos que toman la obra que Él deja a su paso, quienes como su Señor han llegado a ser como la buena semilla, que pierden su vida para multiplicarla en gran número; a los tales es que las promesas son dadas.

Descubramos cada uno de nosotros lo que la obra realmente es, y a quién las almas son confiadas para nuestras oraciones especiales; hagamos de nuestra intercesión por ellos nuestra vida de comunión con Dios, y no solo encontraremos que las promesas de poder en la oración se hacen reales para nosotros, sino que entonces empezaremos a entender de qué manera nuestra permanencia en Cristo y su permanencia en nosotros, nos hace participar de su gozo por la bendición y la salvación de los hombres.

¡Oh, la intercesión de nuestro bendito Señor Jesús es la más maravillosa, a la cual no solo debemos todo, sino en la cual somos llevados como socios activos y como compañeros! Ahora entendemos qué es orar en el nombre de Jesús, y por qué tiene semejante poder. En su nombre, en su Espíritu, en Él mismo, en perfecta unión con Él.

¡Oh maravillosa y siempre activa intercesión del hombre Cristo Jesús! ¿Cuándo vamos a estar totalmente ocupados en la intercesión, y cuándo vamos a orar siempre en ella?

"Señor, enséñanos a orar"

¡Bendito Señor! En humilde adoración me inclino nuevamente ante ti. Toda la obra de redención ahora ha pasado a la oración; todo lo que ahora te ocupa en mantener y dispensar lo que compraste con tu sangre, es solo la oración. Tú vives perpetuamente para orar. Y porque estamos y permanecemos en ti y el acceso directo al Padre está siempre abierto, nuestra vida puede ser una vida de incesante oración, y la respuesta a la oración estará asegurada.

¡Bendito Señor! Has invitado a tu pueblo para que todos sean tus compañeros de obra en una vida de oración. Te has unido con tu pueblo y lo has hecho como tu cuerpo, que comparte contigo ese ministerio de intercesión, por medio del cual, y solo por el cual, el mundo puede ser lleno del fruto de tu redención y de la gloria del Padre. Con más libertad que nunca vengo a ti, mi Señor, y te ruego: enséñame a orar. Tu vida es la oración, tu vida es mía, ¡Señor! enséñame a orar en ti, y como tú.

¡Y, oh mi Señor! Hazme entender especialmente, como prometiste a tus discípulos, que estás en el Padre, y yo en ti y tú en mí. Permite que el poder de unidad del Espíritu Santo haga que toda mi vida permanezca en ti y en tu intercesión, para que mi oración pueda ser su eco, y que el Padre me escuche en ti y a ti en mí. ¡Señor Jesús! Que tu mente esté en mí, y que mi vida esté en ti. Solo así estaré preparado para ser el canal por el cual tu intercesión derrame su bendición en el mundo. Amén.

NOTA

La nueva etapa de oración en el nombre de Jesús es señalada por Cristo como el tiempo del derramamiento del Espíritu, en el cual los discípulos entran en una comprensión más iluminada de la economía

de la redención, y llegan a ser tan claramente cons-
cientes de la unidad de ellos con Jesús, como de su
unidad con el Padre.

Sus oraciones en el nombre de Jesús, ahora son diri-
gidas directamente al Padre: *"No os digo que yo rogaré
al Padre por vosotros, pues el Padre mismo os ama"*,
dice Jesús, aunque previamente había hablado del
tiempo anterior a la venida del Espíritu: *"Yo rogaré
al Padre, y él les dará al consolador"*. En consecuencia,
esta oración tiene como su pensamiento central la
comprensión de que nuestro ser está unido a Dios en
Cristo, como en ambos lados del vivo lazo de unión
entre Dios y nosotros. Así lo expresa Juan 17:23: *"Yo
en ellos y tú en mí"*. De tal manera que en Jesús vemos al Padre que está unido a nosotros, y nosotros
unidos al Padre.

Jesucristo debe haber sido revelado a nosotros, no
solo por medio de la verdad en la mente, sino en el
interior de nuestra conciencia personal, como la viva
reconciliación personal, como Aquel en quien la pa-
ternidad de Dios y el amor del Padre han sido perfectamente unidos con la naturaleza humana y la naturaleza humana con Dios. No es que con la inmediata
oración al Padre, la mediación de Cristo es dejada de
lado; sino que ya no es más vista como algo externo,
que existe fuera de nosotros, sino como una verdadera existencia espiritual viviente dentro de nosotros,
de tal manera, que el Cristo *por nosotros*, el mediador,
realmente ha llegado a ser Cristo *en nosotros*.

Cuando falta la conciencia de esta unidad entre Dios en Cristo y nosotros en Cristo, o ha sido oscurecida por el sentido de culpa, entonces la oración de fe mira a nuestro Señor como al abogado, quien paga al Padre *por nosotros*. (Compare Juan 16:26 con Juan 14:16-17; 9:20; Lucas 21:32; 1 Juan 2:1).

Tomar a Cristo en la oración como abogado, de acuerdo con Juan 16:26, no es lo mismo que la oración en su nombre. La intercesión de Cristo es para guiarnos hacia esa permanente unión de vida con Él en nuestro interior, y con el Padre en Él, en virtud de lo cual Cristo en quien Dios entra en una inmediata relación y se une con nosotros, y en quien nosotros, en toda circunstancia, entramos en una inmediata relación con Dios.

Aún así, la oración en el nombre de Jesús no consiste en nuestra oración bajo su mando: los discípulos habían orado de esta manera desde que el Señor les dio su "Padre nuestro" y, sin embargo, dice: *"Hasta ahora nada habéis pedido en mi nombre"*. Solo cuando la mediación de Cristo, por medio de su presencia, ha llegado a ser vida y poder dentro de nosotros, y de esta manera su mente, *así como encontró expresión en su palabra y en su obra, ha tomado posesión y ha llenado nuestra conciencia y nuestra voluntad personal*, de tal manera que en fe y en amor tenemos a Jesús en nosotros como el reconciliador, quien nos ha hecho realmente uno con Dios, entonces su nombre, que incluía su naturaleza y su obra, se convierte en verdad y poder en nosotros (no solo para nosotros), y tenemos en el nombre de Jesús el libre y directo acceso al Padre, lo cual asegura el hecho de ser escuchados. La oración en el nombre de Jesús es la libertad de un hijo con el Padre, así como Jesús tenía esta libertad por ser el unigénito. Oramos en el lugar de Jesús, no como si nosotros pudiéramos ponernos en el lugar de Él, sino que hasta donde estamos en Él y Él en nosotros. Vamos directamente al Padre, pero solo porque el Padre está en Cristo, y no como si Él estuviera separado de Cristo. Dondequiera que el hombre interior no vive en Cristo y no lo tiene presente como el que vive, en donde su palabra no gobierna en el poder de su Espíritu, en donde su verdad y su vida no han llegado a ser la vida de nuestra alma, es en vano pensar en una fórmula como: 'Por causa de tu amado Hijo' será provechoso". Christliche Ethik, von Dr. I. T. Beck, Tubingen, 3:39.

II

"Padre, quiero"

o, Cristo el Sumo Sacerdote.

Padre, aquellos que me has dado, quiero que
donde yo estoy, también ellos estén conmigo.
–Juan 17:24

En sus palabras de despedida Jesús dio a sus discípulos la completa revelación de lo que sería la nueva vida, una vez que el Reino de Dios haya venido en poder. En la presencia del Espíritu Santo, en unión con Él, con la vid celestial, en el salir de ellos para testificar y sufrir por Él, encontrarían su llamado y su bienaventuranza. En medio de su enseñanza acerca de la futura vida nueva de ellos, el Señor repetidamente había dado las promesas más ilimitadas con respecto al poder que las oraciones de ellos podían tener. Y ahora al cerrar, Él mismo procede a orar, para permitir que sus discípulos tuvieran el gozo de conocer lo que luego sería la intercesión de Jesús, el Sumo

Sacerdote por ellos en el cielo, Él da este precioso lega-
do de su oración al Padre. Él hace esto al mismo tiempo
porque ellos, como sacerdotes, compartirían en su obra
de intercesión, el hecho de que ellos y nosotros podemos
saber cómo llevar a cabo esta obra santa. En la obra de
nuestro Señor en esta última noche, hemos aprendido a
comprender que estas asombrosas promesas a la oración,
no han sido dadas a nuestro favor, sino por los intereses de
nuestro Señor y de su reino: es solo y exclusivamente del
mismo Señor que podemos aprender lo que es la oración
en su nombre, y solo en Él podemos aprender a obtener
sus bendiciones. Hemos entendido que orar en su nombre
es orar en perfecta unidad con Él: la oración sacerdotal
enseñará a todos que la oración en el nombre de Jesús
puede pedir y esperar.

Esta oración comúnmente es dividida en tres partes.
Nuestro Señor primero ora por Él mismo (versículos 1-5),
luego por sus discípulos (6-19) y finalmente por todos los
que habrían de creer en Él (20-26). El seguidor de Jesús,
que se da a la obra de intercesión, y que con alegría inten-
ta buscar cuánta bendición puede obtener al orar por su
círculo en el nombre de Jesús, en toda humildad permitirá
ser guiado por el Espíritu para estudiar esta maravillosa
oración, como una de las lecciones más importantes de la
escuela de oración.

Primeramente Jesús ora por sí mismo, por su ser glorificado, porque así Él podía glorificar al Padre. "¡Padre!
Glorifica a tu Hijo. Y ahora, Padre, glorifícame a mí". Y
luego cita los motivos por los que ora de esta manera. Un

pacto santo había sido determinado entre el Padre y el Hijo en el cielo. El Padre le había prometido poder sobre toda carne como la recompensa por su obra: Él había concluido la obra, había glorificado al Padre, y su único propósito ahora y por siempre es glorificar al Padre. Con una confianza suprema pide que el Padre lo glorifique, para que Él pueda ser y hacer por su pueblo todo lo que Él ha emprendido.

¡Discípulo de Jesús! Aquí usted tiene la primera lección en su obra de intercesión sacerdotal, que debe ser aprendida desde el ejemplo de su gran Sumo Sacerdote. Orar en el nombre de Jesús es orar en unidad, en simpatía con Él. Así como el Hijo empezó su oración aclarando su relación con el Padre, invocando su obra, su obediencia y su deseo de ver al Padre glorificado, así haga usted también. Acérquese y muéstrese delante del Padre en Cristo. Cite la obra terminada de Jesús. Diga que usted es uno con esa obra, que confía en ella y que vive en ella.

Diga que también se ha dado para finalizar la obra que el Padre le ha encomendado, y se ha dado para vivir solo para su gloria. Y luego pida confiadamente que el Hijo pueda ser glorificado en usted. Esto es orar en el nombre, con las mismas palabras, en el Espíritu de Jesús, en unión con Jesús. Tal oración tiene poder. Si como Jesús usted glorifica al Padre, el Padre glorificará a Jesús al hacer lo que usted pide en su nombre.

Solo cuando nuestra relación personal es en este sentido, como la relación de Cristo, es clara con Dios, cuando usted lo glorifica a Él, cuando busca todo para su gloria, es que como Cristo, usted tendrá el poder para interceder por aquellos que están a su alrededor.

Luego, nuestro Señor ora por el círculo de sus discípulos. Él habla de ellos como de los que le fueron dados a Él. La señal principal en ellos es que han recibido la palabra de Cristo. Luego dice que ahora los envía al mundo en su lugar, tal como el Padre lo había enviado. Y luego pide dos cosas para ellos: que el Padre los guarde del maligno y que los santifique a través de su palabra, porque Él se santifica a sí mismo para ellos.

Así como el Señor, cada creyente intercesor tiene su propio círculo inmediato por el que ora en primer lugar. Los padres tienen a sus hijos, los maestros a sus alumnos, los pastores a sus rebaños, todos los obreros, una carga especial, y todos los creyentes tienen a aquellos cuyo cuidado descansa en sus corazones. Es de gran consecuencia el hecho de que la intercesión sea personal, remarcada y definida. Y luego nuestra primera oración siempre debe ser que ellos reciban La Palabra.

Pero esta oración no será de provecho a menos que podamos decir con nuestro Señor: "Yo les he dado tu palabra". Es esto lo que nos da libertad y poder en la intercesión por las almas. No solo orar por ellos, sino hablarles. Y cuando hayan recibido La Palabra, oremos mucho para que sus vidas sean guardadas del maligno, para que sus vidas sean santificadas por medio de esa Palabra. En lugar de estar como sin esperanza o juzgar, o abandonar a aquellos que caen, oremos por nuestro círculo: "¡Padre! Guárdalos en tu nombre"; "Santifícalos en tu verdad".

La oración en el nombre de Jesús puede mucho. "Lo que pidáis os será concedido". Y luego sigue nuestra oración del Señor por un círculo aún más grande: *"Mas no ruego solamente por éstos, sino también por los que han de creer en mí por la palabra de ellos"* (Juan 17:20).

Su corazón de sacerdote se ensancha para abrazar todo lugar y todo tiempo, y ora para que todos los que le pertenecen puedan ser uno en todo lugar, como una prueba de Dios para el mundo de la divinidad de su misión, y después para que ellos siempre puedan estar con Él en su gloria: *"Para que el amor con que me has amado, esté en ellos y yo en ellos"* (Juan 17:26).

El discípulo de Jesús, que ha probado el poder de la oración primero en su círculo, no puede confinarse dentro de sus límites: ora por la Iglesia en general y por sus diferentes ramas. Ora especialmente por la unidad del Espíritu y por la unidad en amor. Ora para que la Iglesia sea una en Cristo, como testimonio al mundo de que Cristo, quien forjó una maravilla semejante como la de hacer que el amor triunfe sobre el egoísmo y la separación, en verdad, sea reconocido como el Hijo de Dios enviado desde el cielo. Cada creyente debe orar para que la unidad de la Iglesia pueda manifestarse, no en el ámbito de las organizaciones, sino en Espíritu y en verdad.

Tanto por el tema de la oración, ahora por su modo. Jesús dice: "**¡Padre!: quiero**". En el terreno de su derecho como Hijo, y de la promesa del Padre a Él, y de su obra terminada, Él puede hacerlo. El Padre le había dicho: "Pídeme y te daré". Simplemente Él se aprovechó de la promesa del Padre. Jesús nos ha dado una promesa similar: "*Todo lo que pidáis* os será concedido". Él me pide que en su nombre yo pida lo que quiera. Permaneciendo en Él, en una viva unión en la que el hombre es nada y Cristo es todo, el creyente tiene la libertad de aceptar esa palabra de su Sumo Sacerdote, y en respuesta a la pregunta "*¿Qué quieres?*", decir "¡Padre! Quiero todo lo que tú has prometido".

Esto no es otra cosa que fe verdadera; esto es honrar a Dios. Es estar seguros de que tal confianza en decir lo que quiero es en verdad aceptable delante de Él. A primera vista, nuestro corazón se contrae por la expresión; no sentimos la libertad ni el poder para hablar de esta manera. Es una palabra por la cual, solo en la más completa renuncia a nuestra voluntad caerá sobre nosotros la gracia, pero con más seguridad caerá sobre todo aquel que pierda su voluntad en la de su Señor. El que pierda su vida la hallará; el que renuncia completamente a su voluntad, la encontrará nuevamente renovada y fortalecida con una fuerza divina.

"¡Padre! quiero": esta es la nota clave de la eterna, activa y poderosa intercesión de nuestro Señor en el cielo. Es solo en unión con Él que nuestra oración es provechosa; solo en unión con Él la oración puede mucho. Solo si permanecemos en Él, vivimos, caminamos y hacemos todas las cosas en su nombre; solo si venimos y traemos cada petición por separado, probadas y tocadas por su Palabra y su Espíritu, y las arrojamos en el poderoso río de intercesión que sube desde Jesús, para ser llevadas hacia lo alto y ser presentadas delante del Padre, tendremos la plena confianza de que recibiremos las peticiones que hemos hecho: El "¡Padre! quiero", será respirado dentro de nosotros por el Espíritu Santo. Vamos a perdernos en Él, y nos convertiremos en nada, para encontrar que en nuestra impotencia tenemos poder y que prevalecemos.

¡Discípulos de Jesús!, llamados a ser como nuestro Señor en su intercesión sacerdotal, ¿cuándo, ¡oh, cuándo! despertaremos a la gloria, pasando toda idea de este nuestro destino, para suplicar y prevalecer con Dios a favor de los que perecen? Oh, cuándo nos quitaremos la pereza que se viste con la pretensión de la humildad, y nos rendiremos completamente al Espíritu de Dios, para que pueda llenar nuestros deseos con luz y con poder, para saber, para tomar y para poseer todo lo que nuestro Dios espera dar a una voluntad que está aferrada a Él.

"Señor, enséñanos a orar"

¡Oh, mi bendito Sumo Sacerdote! ¿Quién soy para que me invites de este modo a compartir contigo en el poder de tu intercesión que prevalece? ¿Y por qué mi Señor, soy tan tardo de corazón para entender, creer y ejercitar este maravilloso privilegio con el cual tú has redimido a tu pueblo? ¡Oh, Señor! dame tu gracia para que esto pueda ser cada vez más mi incesante trabajo en la vida; que pueda orar sin cesar para traer las bendiciones del cielo sobre todos los que me rodean en la Tierra.

¡Bendito Señor! Ahora vengo a aceptar mi llamado. Por esto abandonaría todo y te seguiría. En tus manos y en fe rindo todo mi ser: fórmame, entréname, inspírame para ser uno más de lo que conforman tu legión de oración, luchadores que velan y se esfuerzan en oración, como los príncipes de Dios, quienes tienen poder y prevalecen.

Toma posesión de mi corazón y llénalo con el único deseo por la gloria de Dios en la congregación, en la santificación y en la unión de aquellos que el Padre te ha dado. Toma mi mente y permite que esto sea mi estudio y mi sabiduría; saber cuando una oración puede traer una bendición. Tómame completamente y haz de mí un sacerdote para estar siempre delante de Dios y para bendecir en su nombre.

¡Bendito Señor! Que sea aquí, como en toda la vida espiritual: tú todo, yo nada. Y que aquí también sea mi experiencia, que aquel que nada tiene y no busca nada para sí mismo, recibe todo, incluso la maravillosa gracia de estar a tu lado en tu eterno ministerio de intercesión. Amén.

12

"¡Padre! No sea lo que yo quiero"
o, Cristo, el sacrificio.

*Y decía: Abba, Padre, todas las
cosas son posibles para ti;
aparta de mí esta copa; mas no lo
que yo quiero, sino lo que tú.*
–Marcos 14:36

¡Qué contraste luego de pasar unas pocas horas! Qué cambio de la silenciosa elevación de aquello, cuando Él levantó sus ojos al cielo y dijo: "**Padre, quiero**", llorar en el suelo en agonía. *"¡Padre mío!, no sea lo que yo quiero"*. Primero vemos al Sumo Sacerdote detrás del velo en su intercesión poderosa; luego, el sacrificio en el altar que abre el camino a través del velo rasgado. El Sumo Sacerdote "¡Padre!, quiero", en orden de tiempo precede al sacrificado *"¡Padre mío! no sea lo que yo quiero"*; pero esto era solo por previsión, para mostrar lo que la intercesión sería una vez que el sacrificio fuera consumado. En realidad, fue esa oración en el altar: *"¡Padre! no sea lo que yo quiero"*, en que la oración delante del trono: "¡Padre! quiero", tuvo su origen y su poder. Es por su entera rendición de su voluntad en el Getsemaní, que el Sumo Sacerdote en el trono tiene el poder para pedir lo que quiera, y tiene el derecho de hacer que su pueblo también ese poder y que pida lo que cada uno quiera.

Para todos los que aprenden a orar en la escuela de Jesús, esta lección del Getsemaní es una de las más sagradas y más preciosas. A un estudiante superficial puede parecerle que esto le quita el valor para orar en fe. Sin embargo, incluso la súplica más seria del Hijo no fue escuchada, y aún el Amado tuvo que decir: "**¡No sea lo que yo quiero!**", cuanto más nosotros necesitamos hablar de esta manera. Y así también, parece imposible que las promesas que el Señor había dado tan solo unas pocas horas antes: "Todo lo que pidáis", "Todo lo que queráis", podían ser tomadas literalmente. Un concepto más profundo en cuanto al significado del Getsemaní, nos enseñaría que aquí tenemos la razón segura y el camino abierto hacia la seguridad de una respuesta a nuestra oración. Acerquémonos en admiración y adoración reverente, para ver esta extraordinaria imagen: El Hijo de Dios que ofrece oración y súplicas en medio de lágrimas y un gran clamor, sin obtener lo que pide. Él es nuestro maestro y revelará para nosotros el misterio de su santo sacrificio, tal como fue revelado en esta maravillosa oración.

Para entender la oración, notemos la infinita diferencia entre lo que nuestro Señor oró unos momentos antes como el real Sumo Sacerdote, y lo que Él aquí suplica en su debilidad. *Allí* oró para que el Padre fuera glorificado, y por la glorificación de Él y de su pueblo como el cumplimiento de las diferentes promesas que le habían sido dadas. Pidió lo que sabía que estaba de acuerdo con La Palabra y con la voluntad del Padre; podía decir confiadamente: "**¡Padre!, quiero**". *Aquí* oraba por algo con respecto a la voluntad del Padre que todavía no estaba muy claro para Él.

Hasta donde supo, era la voluntad del Padre que bebiera la copa. Les había hablado a sus discípulos de la copa que Él debía beber: un poco después volvió a decir: "*La copa que el Padre me ha dado, ¿no la he de beber?*" (Juan 18:11). Para esto había venido a esta Tierra. Sin embargo, cuando, en la indecible agonía del alma que estaba en Él mientras el poder de la oscuridad venía sobre Él, y empezaba a probar las primeras gotas de muerte, como la ira de Dios contra el pecado, su naturaleza humana, mientras se estremecía en presencia de la horrible realidad de haber sido hecho una maldición, expresó en este clamor de angustia.

Expresó su deseo de que, si el propósito de Dios podía ser alcanzado sin ese sacrificio, entonces podía evitar la horrible copa: "*Aparta de mí esta copa*". Ese deseo era la evidencia de la intensa realidad de su humanidad. El "no sea lo que yo quiero" guardó ese deseo de ser pecaminoso: con mucho ruego clamó: "Todas las cosas son posibles para ti", y vuelve otra vez a una oración aún más seria para que la copa pueda ser quitada, es su tres veces repetido: "No sea lo que yo quiero", que constituye la misma esencia y

mérito de su sacrificio. Había pedido algo de lo cual no
podía decir: "Yo sé que es tu voluntad". Había suplicado el
poder y el amor de Dios, y luego se había apartado de ello
con su final: *"Tu voluntad sea hecha".*

La oración en cuanto a que la copa pasara de Él no sería contestada; la oración de sumisión con respecto a que
la voluntad de Dios fuera hecha fue escuchada, y gloriosa-
mente contestada, en su victoria sobre el temor primeramente, y luego sobre el poder de la muerte.

Fue en esta negación de su voluntad, en esta completa
rendición de su voluntad para hacer la voluntad del Padre,
que la obediencia de Cristo alcanzó su perfección más alta.
Es del sacrificio de la voluntad en el Getsemaní que se
deriva el valor del sacrificio de la vida en el Calvario. Es
aquí, como La Escritura lo dice, que aprendió obediencia,
y se convirtió en el autor de la salvación eterna para todos
los que lo obedecen. Fue porque Él allí, en esa oración, fue
obediente hasta la muerte, y muerte de cruz, que Dios lo
exaltó hasta lo sumo, y le dio el poder para pedir lo que
quisiera. Fue en ese "¡Padre!, no sea lo que yo quiero", que
obtuvo el poder para ese otro "¡Padre!, quiero". Fue por la
sumisión de Cristo en Getsemaní al negarse a su voluntad,
que aseguró para su pueblo el derecho a decirles: *"Pedid
todo lo que queráis".*

Permítame ver otra vez los profundos misterios que
el Getsemaní ofrece a mi punto de vista. He aquí el primero: el Padre ofrece a su muy amado la copa, la copa
de ira. El segundo: el Hijo, siempre tan obediente, se hu-
milla e implora para no tener que tomarla. El tercero: el

Padre no concede al Hijo su petición, sino que de todos modos le da la copa. Y luego, el último: el Hijo rinde su voluntad, está satisfecho de no hacer su propia voluntad, y sale al Calvario para beber la copa. ¡Oh, Getsemaní! En ti veo de qué manera mi Señor puede darme esa ilimitada seguridad de una respuesta a mis oraciones. Porque mi garantía Él la ganó para mí, al acceder a que su petición no fuera contestada. Esto está en armonía con todo el plan de redención.

Nuestro Señor siempre gana para nosotros lo opuesto a lo que Él sufrió. Él fue atado para que nosotros seamos libres. Él fue hecho pecado para que nosotros podamos convertirnos en la justicia de Dios. Murió para que nosotros podamos vivir. Él padeció la maldición de Dios para que la bendición de Dios pueda ser nuestra. Él soportó que su oración no fuera contestada, para que nuestras oraciones puedan encontrar una respuesta. Sí, Él dijo: "*No sea lo que yo quiero*", para luego poder decirnos, "Si permanecéis en mí, *pedid lo que queráis*, y os será concedido".

Sí, "Si permanecéis en mí"; aquí en Getsemaní la palabra adquiere una fuerza y una profundidad mayor. Cristo es nuestra cabeza, quien como garantía permanece en nuestro lugar, y lleva lo que por siempre nosotros debíamos haber llevado. Hemos merecido que Dios hiciera oídos sordos para con nosotros, y que nunca escuche nuestro clamor. Cristo vino, y sufrió esto también por nosotros: sufrió todo lo que nosotros merecíamos; por nuestros pecados sufrió bajo la carga de esa oración no contestada. Pero ahora, puesto que Él sufrió esto, aquello es de provecho para mí; su mérito ganó para mí la respuesta a cada oración, si permanezco en Él.

Sí, en Él, así como se postra allí en Getsemaní, así debo permanecer. Como mi cabeza, Él no solo sufrió por mí, sino que también vive en mí, respira y trabaja su disposición en mí. El eterno Espíritu, por el cual Él se ofreció delante de Dios, es el Espíritu que también mora en mí, y me hace partícipe de esa misma obediencia, y del sacrificio de la voluntad ante Dios. El Espíritu me enseña a rendir totalmente mi voluntad a la voluntad del Padre, para rendirla aún ante la muerte, para estar muerto a ella en Cristo.

Por cualquier cosa que haya en mi mente, en mi pensamiento y en mi voluntad, aún cuando no sea directamente pecaminoso, Él me enseña a temer y a huir. Abre mis oídos para esperar en gran mansedumbre y receptividad de alma todo lo que el Padre tenga para decir y enseñar cada día. Me hace ver cómo la comunión en amor con la voluntad de Dios es la unión con Dios mismo; cómo la completa rendición a la voluntad de dios es el clamor del Padre, el ejemplo del Hijo y la verdadera bienaventuranza del alma. Él guía mi voluntad hacia la comunión de la muerte y de la resurrección de Cristo, mi voluntad muere en Él para que viva otra vez. Él respira en ella, una voluntad renovada y vivificada, una visión santa dentro de la perfecta voluntad de Dios, un gozo santo que se rinde para ser un instrumento de esa voluntad, una libertad santa y un poder santo para mantenernos en la voluntad de Dios para la respuesta a la oración.

Con todo mi deseo aprendo a vivir por los intereses de Dios y de su reino, y a ejercitar el poder de esa voluntad; crucificado pero levantado otra vez; en naturaleza y en oración, en la tierra y en el cielo, con los hombres y con Dios. Cuanto más profundamente entro en el: "¡Padre!, que no sea lo que yo quiero", de Getsemaní, y en Aquél que lo dijo, para permanecer en Él más pleno es mi acceso espiritual en el poder de su: "¡Padre!, quiero". Y las experiencias del alma que son la voluntad, que se ha convertido en nada para que la voluntad de Dios pueda ser todo, y que ahora se inspira con una fuerza divina, para realmente querer lo que Dios quiere, y para reclamar lo que le fue prometido en el nombre de Cristo.

Escuchemos a Cristo en el Getsemaní, cuando llama: *"Si permanecéis en mí, pedid lo que queráis y os será hecho"*. Al ser de una mente y un Espíritu con Él en su dejar todo por la voluntad de Dios, vivamos como Él en obediencia y rendición al Padre; esto es permanecer en Él; este es el secreto del poder en la oración.

"SEÑOR, ENSÉÑANOS A ORAR"

¡Bendito Señor Jesús! Getsemaní fue tu escuela, en donde aprendiste a orar y a obedecer. Todavía es tu escuela, en donde guías a tus discípulos que con gozo aprenden a obedecer y a orar como tú. ¡Señor! enséñame allí a orar, en la fe que has purificado y has conquistado nuestra propia voluntad, y que en verdad puedes darnos la gracia para orar como tú.

¡Oh, Cordero de Dios! Te seguiría hasta el Getsemaní,

para ser allí uno contigo y para permanecer en ti así como tú ante la misma muerte rendiste tu voluntad ante el Padre. Contigo, a través de ti, en ti, rindo mi voluntad en absoluta y completa rendición a la voluntad del Padre. Consciente de mi debilidad y del poder secreto con el cual la voluntad propia se afirmaría y otra vez tomaría su lugar en el trono, reclamo en fe el poder de tu victoria. Tú triunfaste sobre la muerte y me libraste de ella. En tu muerte puedo vivir cada día; en tu vida puedo morir cada día. Al permanecer en ti, permite que mi voluntad, por medio del poder de tu Espíritu eterno, sea solo el instrumento afinado que se rinde ante cada toque de la voluntad de mi Dios. Con toda mi alma digo contigo y en ti: "¡Padre!, no sea lo que yo quiero, sino lo que tú quieras".

¡Y luego, bendito Señor! abre mi corazón y el corazón de tu pueblo, para que incluya totalmente la gloria de la verdad, porque una voluntad dada a Dios es una voluntad aceptada por Dios para ser usada en su servicio, para desear, proponer, determinar y querer lo que es conforme a la voluntad de Dios. Una voluntad que, en el poder del Espíritu Santo, Dios ejercita el privilegio real de la voluntad en la oración, para desatar y atar en el cielo y en la tierra, para pedir lo que quiera, y para decir si será concedido.

¡Oh, Señor Jesús, enséñame a orar! Amén.

13

"Si pedimos conforme a su voluntad"
o, nuestra confianza en la oración.

Y esta es la confianza que tenemos delante de él, que si pedimos cualquier cosa conforme a su voluntad, él nos oye. Y si sabemos que él nos oye en cualquier cosa que pidamos, sabemos que tenemos las peticiones que le hemos hecho.
—1 Juan 5:14-15

Uno de los más grandes impedimentos con respecto a creer en la oración, sin duda alguna es lo siguiente: no saber si lo que se pide está de acuerdo con la voluntad de Dios. Mientras la persona tenga dudas en este punto, no podrá tener la confianza para pedir en la convicción de que con seguridad recibirá lo que pide. Y enseguida empiezan a pensar, en que una vez que han hecho conocer sus peticiones, es mejor dejárselas a Dios para que actúe conforme a su buena voluntad. Las palabras de

Juan: "Si pedimos cualquier cosa *conforme a su voluntad,* él nos oye", según como ellos las entienden, dan por sentado de que la respuesta a la oración es imposible, porque no pueden estar seguros de lo que realmente puede ser la voluntad de Dios. Piensan que la voluntad de Dios es su consejo oculto; cómo un hombre puede ser capaz de comprender lo que realmente puede ser el propósito del Dios de toda sabiduría.

Esto es muy opuesto a lo que Juan apuntó al escribir de esta manera. Él deseaba despertarnos a la confianza, a la valentía y a la plena seguridad de la fe en la oración. Él dice: "*Esta es la confianza que tenemos delante de él*", que podemos decir, "¡Padre!" Tú sabes y yo sé que pido conforme a tu voluntad: sé que me escuchas. "Esta es la confianza que tenemos delante de Él, que si pedimos cualquier cosa conforme a su voluntad, Él nos oye".

En este pasaje enseguida añade: "Y si sabemos que Él nos oye en cualquier cosa que pidamos, *sabemos*", por medio de esta fe "que tenemos", que ahora mientras oramos, recibimos "las peticiones", las cosas especiales "que le hemos hecho".

Juan supone que cuando oramos, primero descubrimos si nuestras oraciones están de acuerdo con la voluntad de Dios. Las oraciones pueden estar de acuerdo con su voluntad, pero no venir enseguida, o falta la oración de fe perseverante. Es para darnos ánimo para perseverar y para ser fuertes en fe que Él nos dice: y esto nos da valentía en la oración, si pedimos cualquier cosa conforme a su voluntad, Él nos oye.

Es evidente que si esto fuera un asunto de incertidumbre para nosotros, en cuanto a si nuestras peticiones están de acuerdo con su voluntad, no podemos tener el consuelo de lo que Él dice: "Sabemos que tenemos las peticiones que le hemos hecho".

Sin embargo, solo este es el impedimento. Más de un creyente dice: "No sé si lo que deseo está de acuerdo con la voluntad de Dios. La voluntad de Dios es el propósito de su infinita sabiduría: es imposible para mí saber si Él puede no contar con algo mejor para mí de lo que yo deseo, o puede no tener razones para negar lo que le pido".

Todos sentimos que con esa clase de pensamientos, la oración de fe, de la cual Jesús dijo, "El que cree que *todas estas cosas que él dijo* sucederán, tendrá *todo* lo que él ha dicho", llega a ser una imposibilidad. Allí puede haber una oración de sumisión y de confianza en la sabiduría de Dios; pero no puede haber una oración de fe. El gran error aquí es que los hijos de Dios realmente no creen que sea posible conocer la voluntad de Dios. O si creen esto, no se toman el tiempo ni se preocupan por descubrirla.

Lo que necesitamos es ver claramente en qué forma es que el Padre guía a su hijo, quien espera y está dispuesto a aprender, que su petición está de acuerdo con su voluntad.[8] Es por medio de la santa Palabra de Dios, aceptada y guardada en el corazón, en la vida y en la voluntad, y a través del Espíritu Santo de Dios, aceptando su presencia y

---

8   Vea esto ilustrado en los fragmentos de George Müller al final de este volumen, p. 149.

su guía, que aprenderemos a saber que nuestras peticiones están de acuerdo con su voluntad.

Por medio de La Palabra, hay una voluntad de Dios secreta, por lo que muchas veces tememos que nuestras oraciones puedan estar en desacuerdo. No es en esta voluntad de Dios, sino en su voluntad revelada en su Palabra, que tenemos que orar. Nuestras nociones en cuanto a lo que la voluntad secreta puede haber decretado, y en cuanto a cómo esta voluntad puede dar las respuestas a nuestras oraciones, mayormente son muy erróneas.

La fe pura con respecto a lo que Él está dispuesto a hacer por sus hijos, simplemente respeta la seguridad del Padre, de que es su voluntad escuchar la oración y hacer lo que la fe en su Palabra desea y acepta. En La Palabra el Padre ha revelado en promesas generales los grandes principios de su voluntad para con su pueblo. El hijo tiene que tomar la promesa y aplicarla a las circunstancias especiales a las cuales la promesa se refiere.

Cualquier cosa que pida dentro de los límites de esa voluntad revelada, puede saber que está de acuerdo con la voluntad de Dios, y puede esperar confiadamente. En su Palabra Dios nos ha dado la revelación de su voluntad y sus planes para con nosotros, con su pueblo y con el mundo, con las más preciosas promesas de la gracia y el poder con los cuales, por medio de su pueblo Él puede llevar a cabo sus planes y hacer su obra.

Así como la fe llega a ser fuerte y valiente, lo suficiente como para reclamar el cumplimiento de la promesa general en el caso especial, podemos tener la seguridad de que nuestras oraciones son escuchadas: están de acuerdo con la voluntad de Dios. Tome las palabras de Juan en el versículo que sigue a nuestro texto como una ilustración: "*Si alguno viere a su hermano cometer pecado que no sea de muerte, pedirá, y **Dios le dará vida***" (1 Juan 5:16, énfasis añadido). Así es la promesa general, y el creyente que ruega en el terreno de esta promesa, ora conforme a la voluntad de Dios, y Juan nos da confianza al saber que podemos tener las peticiones que hacemos.

Pero esta comprensión de la voluntad de Dios es algo espiritual, y debe ser discernida espiritualmente. No es una cuestión de lógica que podamos discutir. Dios lo ha dicho; yo debo tenerlo.

No todos los cristianos tienen el mismo don ni el mismo llamado. Mientras que la voluntad revelada en la promesa, es la misma para todos, para cada uno hay una voluntad especial diferente según el propósito de Dios. E incluso es la sabiduría de los santos conocer esta voluntad especial de Dios para cada uno de nosotros, según la medida de gracia que nos es dada, y así pedir en oración solo lo que Dios ha preparado y ha hecho posible para cada uno. Es para comunicar esta sabiduría *que el Espíritu Santo vive en nosotros.* Para la aplicación personal de las promesas generales de La Palabra para nuestras necesidades personales especiales; *es para esto que la guía del Espíritu Santo nos es dada.*

Es esta unión de la enseñanza de La Palabra y el Espíritu que muchos no entienden, y por eso hay una doble dificultad con respecto a saber lo que podría ser la voluntad de Dios. Algunos buscan la voluntad de Dios en un sentimiento o una convicción interior, y esperan que el Espíritu los guíe sin La Palabra. Otros buscan en La Palabra, sin la guía viva del Espíritu Santo. Ambas cosas deben unirse: solo en La Palabra, solo en el Espíritu, de esta manera, ciertamente podemos conocer la voluntad de Dios, y aprender a orar conforme a esta voluntad. La Palabra y el Espíritu deben tener un encuentro en nuestro corazón: es solo por la presencia que podemos experimentar la enseñanza de ambos. La Palabra debe habitar, debe permanecer en nosotros: el corazón y la vida deben estar día tras día bajo su influencia. No desde afuera, sino desde adentro es que viene la vivificación de La Palabra por medio del Espíritu. Solo aquel que rinde su vida enteramente a la supremacía de La Palabra y de la voluntad de Dios, puede esperar en casos especiales discernir lo que La Palabra y la voluntad le permitirán pedir confiadamente. Y así como con La Palabra, de la misma manera es con el Espíritu: si quiero tener la guía del Espíritu en la oración para que me asegure cuál es la voluntad de Dios, entonces toda mi vida debe estar rendida a esa guía; solo así la mente y el corazón pueden llegar a ser espirituales y capaces de conocer la santa voluntad de Dios.

Es aquel que, a través de La Palabra y el Espíritu, *vive en, y hace la voluntad* de Dios, quien sabrá orar conforme a esa voluntad en la confianza de que Él nos escucha. Qué los cristianos puedan ver el gran daño que se hacen a sí mismos, al pensar que porque posiblemente sus oraciones no estén de acuerdo con la voluntad de Dios, deban contentarse sin tener una respuesta. La Palabra de Dios nos dice que la gran razón de la oración no contestada se debe al hecho que no oramos correctamente: "*Pedís y no recibís, porque pedís mal*" (Santiago 4:3).

Al no conceder una respuesta, el Padre nos dice que hay algo equivocado en nuestra oración. Quiere enseñarnos a descubrir el error y a confesarlo, y así educarnos para lograr una oración de fe que prevalece. Puede lograr su objetivo solo cuando nos hace ver que la negación de la respuesta se debe al error de nuestro objetivo o de nuestra fe, o al hecho de que nuestra vida no es lo que debería ser. Pero este propósito de Dios es frustrado cada vez que nos contentamos en decir: tal vez Él no me escucha porque mi oración no está de acuerdo con la voluntad de Dios. ¡Señor! Ayúdanos para que nunca más culpemos a la voluntad secreta de Dios por nuestras oraciones no contestadas, sino al error de nuestra oración.

Permite que esa Palabra: "*Pedís y no recibís, porque pedís mal*", sea como una linterna del Señor, que alumbre el corazón y la vida para probar que, de hecho, nosotros somos como aquellos cristianos a quienes Cristo dio sus promesas de verdaderas respuestas. Creamos que *podemos saber* si nuestra oración es conforme a la voluntad de Dios. Rindamos nuestro corazón para que La Palabra del Padre viva ricamente allí, para que La Palabra de Cristo permanezca en nosotros. Vivamos día a día con la unción que nos enseña todas las cosas. Rindámonos sin reservas al Espíritu Santo mientras Él nos enseña a permanecer en Cristo, a vivir en la presencia del Padre, y pronto entenderemos cómo el amor del Padre anhela que el hijo conozca su voluntad, y en la confianza de que esa voluntad incluye todo lo que su poder y su amor han prometido hacer, sabremos que también Él escucha las peticiones que le hacemos: *"Y esta es la confianza que tenemos delante de él, que si pedimos cualquier cosa conforme a su voluntad, él nos oye."*

"Señor, enséñanos a orar"

¡Bendito Maestro! Con todo mi corazón te agradezco por esta bendita lección, que el camino hacia una vida llena de respuestas a la oración es por medio de la voluntad de Dios. ¡Señor! Enséñame a conocer esta bendita voluntad al vivir en ella, al amarla y al hacer siempre tu voluntad. Así aprenderé a orar conforme a esa voluntad, y a encontrar en la armonía de la oración con la bendita voluntad de Dios, mi confianza tanto en la oración como en aceptar la respuesta.

¡Padre! Es tu voluntad que tu hijo disfrute de tu presencia y de tu bendición. Es tu voluntad que todo en la vida de tu hijo esté de acuerdo con tu voluntad, y que el Espíritu Santo trabaje esto en Él. Es tu voluntad que tu hijo viva en la diaria experiencia de las distintas respuestas a la oración, para disfrutar una viva y directa comunión contigo. Es tu voluntad que tu nombre sea glorificado en y a través de tus hijos, y que esta gloria esté en aquellos que confían en ti. ¡Oh, Padre mío! Que tu voluntad sea mi confianza en todo lo que pido.

¡Bendito Salvador! Enséñame a creer en la gloria de esta voluntad. Que la voluntad es el amor eterno, el cual con el poder divino encuentra su propósito en cada voluntad humana que se rinde a ese amor. ¡Señor! Enséñame esto. Tú puedes hacerme ver cómo cada promesa y cada mandamiento de La Palabra, de hecho, es la voluntad de Dios, y que su cumplimiento en mí está asegurado por el mismo Dios. Permite que la voluntad de Dios sea para mí la roca segura sobre la cual mi oración y mi seguridad de una respuesta siempre descansen. Amén.

NOTA

A menudo hay una gran confusión con respecto a la voluntad de Dios. La gente cree que lo que Dios desea, inevitablemente sucederá. De ningún modo este es el caso. Dios quiere muchas bendiciones para su pueblo, pero estas bendiciones nunca llegan. Él realmente quiere bendecir, pero ellos no lo desean, y la bendición no puede venir hasta ellos. Este es el gran misterio de la creación del hombre con una libre voluntad, y también de la renovación de esta voluntad en la redención, porque Dios ha ejecutado su voluntad, en muchas cosas, dependiendo de la voluntad del hombre. De la voluntad de Dios revelada en sus promesas, muchas se cumplirán si nuestra fe las acepta.

La oración es el poder por medio del cual sucede lo que de otra manera no podría suceder. Y la fe es el poder por el cual se decide cuánto de la voluntad de Dios será hecha en nosotros. Una vez que Dios revela a un alma lo que desea hacer por ella, la responsabilidad para la ejecución de esa voluntad descansa en nosotros.

Algunos tienen temor de que esto deposite mucho

poder en manos de los hombres. Sin embargo, todo poder es puesto en las manos de los hombres en Cristo Jesús. La llave de toda oración y todo poder es de Jesús, y cuando aprendemos a entender que Él está tanto con nosotros como con el Padre, y que nosotros también estamos tanto con Él como con el Padre, vemos cuán natural, cuán correcto y seguro es, que a aquellos que permanecen en Él así como Él en el Padre, les será dado ese poder.

Es Cristo el Hijo quien tiene el derecho de pedir lo que quiere: es por medio de nuestra permanencia en Él y la permanencia de Él en nosotros (en una realidad divina de la cual comprendemos muy poco) que el Espíritu respira en nosotros lo que Él quiere pedir y obtener por medio de nosotros. Nosotros oramos en su nombre: entonces, las oraciones son realmente nuestras tanto como de Él.

Otros también tienen el temor de que si creemos que la oración tiene tal poder, limitamos la libertad y el amor de Dios. Oh, si tan solo supiéramos cuánto limitamos su libertad y su amor al no permitirle actuar en la única manera en la que Él elige actuar, ahora que Él nos ha llevado a la comunión con Él, es decir, por medio de nuestras oraciones y nuestra fe.

Un hermano en el ministerio una vez me preguntó, mientras hablábamos sobre este tema, si no había algún peligro al pensar que nuestro amor por las almas y nuestro deseo de verlas bendecidas moverían el amor de Dios y la voluntad de Dios para bendecir esas almas.

Estábamos pasando unos caños por los cuales el agua sería llevada por la montaña y el valle, desde un gran arroyo de la montaña, hasta un pueblo a cierta distancia. "Solo vea estos caños", fue la respuesta, "ellos no hacen que el agua quiera fluir hacia abajo desde las montañas, tampoco le dan el poder para bendecir y refrescar: esto es muy natural. Todo lo que los caños pueden hacer es decidir su dirección: por medio de esta decisión los habitantes del pueblo dijeron que ellos querían la bendición en ese lugar. Así también es la naturaleza de Dios para amar y para bendecir".

Hacia abajo y siempre hacia abajo su amor anhela venir con sus vivificantes y refrescantes ríos. Pero Él ha dejado que la oración decida el lugar en donde debe bajar la bendición. Ha prometido bendecir a su pueblo, y su pueblo debe llevar el agua viva a los lugares desiertos: la voluntad de Dios para bendecir depende de la voluntad del hombre, quien debe decir en dónde debe descender la bendición. "Tal honor tienen los santos". "*Y esta es la **confianza** que tenemos delante de él, que si pedimos cualquier cosa conforme a su voluntad, él nos oye. Y **si sabemos** que él nos oye en cualquier cosa que pidamos, **sabemos que tenemos** las peticiones que le hemos hecho*".

14

"Un sacerdocio santo"
o, el ministerio de la intercesión.

*Un sacerdocio santo, para ofrecer sacrificios
espirituales aceptables a Dios por medio de Jesucristo*
–1 Pedro 2:5

Y vosotros seréis llamados sacerdotes de Jehová
–Isaías 61:6

"*El Espíritu del Señor Dios está sobre mí: porque me ha ungido el Señor*". Estas son las palabras de Jesús en Isaías. Como el fruto de su obra, todos sus redimidos son sacerdotes, y partícipes con Él de su unción con el Espíritu como Sumo Sacerdote. *"Es como el buen óleo sobre la cabeza, el cual desciende sobre la barba, la barba de Aarón, y baja hasta el borde de sus vestiduras"* (Salmo 133:2). Así como cada hijo de Aarón, así también cada miembro del cuerpo de Jesús, tiene un derecho al sacerdocio. Pero no todos lo ejercitan: todavía muchos lo ignoran totalmente.

E incluso es el privilegio más alto para un hijo de Dios, la señal de la más grande intimidad y semejanza a Él, "quien vive perpetuamente para orar". ¿Usted duda de que esto sea realmente así? Piense en lo que constituye el sacerdocio. En primer lugar, está la obra del sacerdocio. Esto tiene dos lados, uno hacia Dios, el otro hacia el hombre. *"Porque todo sumo sacerdote tomado de entre los hombres es constituido a favor de los hombres en lo que a Dios se refiere"* (Hebreos 5:1); o, como es dicho por Moisés (Deuteronomio 10:8, vea también 21:5; 33:10; Malaquías 2:6): *"En aquel tiempo apartó Jehová la tribu de Leví para que estuviera delante de Jehová, para servirle y para bendecir su nombre"*.

Por un lado, el sacerdote tenía el poder para acercarse a Dios, para morar con Él en su casa, y para presentar delante de Él la sangre del sacrificio o el incienso quemado. Sin embargo, este trabajo no lo hacía para beneficio propio, sino a favor del pueblo al que representaba. Este es el otro lado de su obra. Él recibía del pueblo sus sacrificios, los presentaba delante de Dios, y luego salía para bendecir en su nombre, para dar la seguridad del favor de Dios y para enseñar al pueblo las leyes supremas.

En consecuencia, un sacerdote es un hombre que no vive del todo para sí mismo, sino que *vive con Dios y para Dios*. Su trabajo es como siervo de Dios para cuidar la casa de Dios, el honor y la adoración, para hacer conocido entre los hombres su amor y su voluntad. *Él vive con los hombres y para los hombres* (Hebreos 5:2). Su trabajo es averiguar el pecado y la necesidad de ellos, llevarlos delante de Dios, ofrecer sacrificio e incienso en nombre de ellos, para obtener el perdón y la bendición para ellos, y luego salir para bendecir a todos en su nombre. Este es el alto llamado de cada creyente: "Tal poder tienen todos sus santos". Han sido redimidos con el único propósito de estar en medio de los millones que perecen a su alrededor; sacerdotes de Dios, quienes en obediencia a Jesús, el Gran Sumo Sacerdote, son los ministros y mayordomos de la gracia de Dios para todos los que los rodean.

Y luego está *el caminar del sacerdocio*, en armonía con su obra. Así como Dios es santo, así el sacerdote tenía que ser especialmente santo. Esto no significa solo estar separado de todo lo sucio o impuro, significa ser *santo delante de Dios*, estar separado y entregado a disposición de Dios. La separación del mundo y el apartarse para Dios eran mostrados de muchas maneras.

En las ropas: las vestiduras santas, hechas según el propio orden de Dios, los identificaba como de Él (Éxodo 28). En el mandamiento, con respecto a la especial pureza y libertad de todo contacto de muerte e inmundicia (Levítico 11:22). Mucho de lo que era permitido a un israelita común, era prohibido para ellos. En el requerimiento de que el sacerdote no debía tener ningún defecto o mancha corporal; la perfección corporal era el tipo de la integridad y la santidad en el servicio a Dios. Y en la orden por la cual las tribus sacerdotales no tendrían ninguna herencia con las otras tribus, porque Dios sería la herencia de ellos. Sus vidas serían vidas de fe: apartados para Dios, vivirían en Él tanto como para Él.

Todo esto es el símbolo de lo que era el carácter del

sacerdote del Nuevo Testamento. Nuestro poder sacerdotal con Dios depende de nuestra vida y de nuestro caminar personal. Debemos ser de aquellos, de cuyo caminar en la tierra, Jesús dice: *"Ellos no han manchado sus vestiduras"*.

En la rendición de lo que puede parecer legal a otros en nuestra separación del mundo, debemos probar que para que nuestra consagración sea santa para el Señor es sincera y total. La perfección corporal del sacerdote debe tener su complemento en nuestro ser *"sin mancha ni contaminación"*; *"el hombre de Dios sea perfecto, enteramente preparado para toda buena obra"*, *"perfectos y cabales, sin que os falte cosa alguna"* (Levítico 21:17-21; Efesios 5:27; 2 Timoteo 3:17; Santiago 1:4). Y sobre todo debemos abandonar toda herencia en la Tierra, dejar todo y, como Cristo, tener solo a Dios como nuestra porción: para poseer y para no poseer, y para sostener todo solo para Dios: estas son las marcas del verdadero sacerdote, del hombre que solo vive por Dios y por sus semejantes.

Y ahora *el camino al sacerdocio*. En Aarón Dios había elegido que todos sus hijos fueran sacerdotes: cada uno de ellos era un sacerdote de nacimiento. Pero no podían entrar en su obra sin una ceremonia especial de ordenación, es decir, sin su consagración. Cada hijo de Dios es un sacerdote en la luz de su nacimiento, y en su relación de sangre con el Gran Sumo Sacerdote; pero esto no es suficiente: ejercitará su poder solo cuando haya aceptado y realizado su consagración.

Con Aarón y sus hijos tuvo lugar (Éxodo 29): después de haber sido lavados y vestidos, eran ungidos con el aceite santo. ·Luego se ofrecían sacrificios, y la oreja derecha, la mano derecha y el pie derecho, eran tocados con sangre. Y luego ellos y sus vestidos eran una vez más rociados con la sangre y el aceite al mismo tiempo. Y así es como el Hijo de Dios entra más plenamente en lo que la sangre y el espíritu de los cuales Él ya es partícipe, son para Él, y el poder del Sacerdocio Santo obrará en Él. La sangre quitará toda sensación de indignidad; el Espíritu, toda sensación de ineptitud.

Notemos lo nuevo que había en la aplicación de la sangre al sacerdote. Si como un penitente, él siempre tenía que traer un sacrificio por su pecado, buscando el perdón, la sangre era rociada en el altar, pero no en su persona. Pero ahora, por la consagración sacerdotal, habría un contacto más cercano con la sangre; la oreja, la mano y el pie, por medio de un acto especial, eran puestos bajo este poder, y todo su ser era tomado y santificado por Dios. Así también, cuando el creyente que ha estado contento al pensar principalmente en la sangre rociada en el trono de misericordia que él necesitaba para el perdón, es llevado a buscar el total acceso sacerdotal a Dios, siente la necesidad de una experiencia más completa y más permanente del poder de la sangre, como si realmente rociara y limpiara toda mala conciencia, de tal manera que "no *tendría ya más conciencia de pecado*" (Hebreos 10:2), como si limpiara todo pecado.

Y es cuando uno consigue disfrutar esto, que la conciencia se despierta al darse cuenta del maravilloso derecho del más intimo acceso a Dios, y de la completa seguridad de que nuestra intercesión es aceptable.

Y así como la sangre da el derecho, el Espíritu da el poder y se ajusta para la intercesión de fe. Él respira en nosotros el Espíritu sacerdotal, un ardiente amor por la honra de Dios y la salvación de las almas. Nos hace uno con Jesús, de tal manera que la oración en su nombre es una realidad. Nos fortalece para creer, para la oración importuna. Cuanto más el cristiano es realmente lleno del Espíritu de Cristo, más espontánea será su entrega a la vida de intercesión sacerdotal.

¡Amados cristianos! Dios necesita, con mucha urgencia, sacerdotes que puedan acercarse a Él, quienes vivan en su presencia y que por su intercesión las bendiciones de su gracia desciendan sobre otros. Y el mundo necesita, también con mucha urgencia, sacerdotes que lleven la carga de los que perecen, y que intercedan a favor de ellos.

¿Está dispuesto para ofrecerse para esta obra santa? Usted conoce la rendición que ello demanda, nada menos que abandonar todo como Cristo lo hizo, para que el propósito salvador del amor de Dios sea logrado entre los hombres. Oh, no sea uno más de aquellos que están contentos por tener la salvación, y que solo trabajan para mantenerse ellos mismos. No permita que nada lo detenga en su entrega para ser total y solamente sacerdote, nada más, nada menos que sacerdote del Dios Altísimo (Génesis 14:18). El pensamiento de indignidad y de ineptitud no debe detenernos. En *la sangre*, el poder objetivo de la redención perfecta obra en usted: en *el Espíritu*, la completa y subjetiva experiencia personal de una vida divina está asegurada. *La sangre* provee una dignidad infinita para hacer que sus oraciones sean más aceptables. *El Espíritu* provee una aptitud divina, le enseña a orar precisamente conforme a la voluntad de Dios. *Cada sacerdote sabía que cuando presentaba un sacrificio conforme a la ley del santuario, el sacrificio era aceptado*: bajo la cobertura de la sangre y del Espíritu, usted tiene la seguridad de que todas las maravillosas promesas para la oración en el nombre de Jesús, serán cumplidas en su vida. Si permanece en unión con el Gran Sumo Sacerdote, "pedirá lo que desee, y aquello le será concedido". Usted tendrá el poder para orar la oración eficaz del justo, que puede mucho. No solo se unirá a la oración general de la Iglesia por el mundo, sino que será capaz en su propio ambiente de empezar a hacer su obra especial en oración, como sacerdote, para llevarla a cabo con Dios, para recibir y conocer la respuesta, y así bendecir en su nombre.

Vamos hermano, vamos, sea un sacerdote, *solo* sacerdote, *totalmente* un sacerdote. Busque ahora caminar en la plena conciencia de que ha sido apartado para el santo ministerio de intercesión. Esta es la verdadera bienaventuranza de la conformidad con la imagen del Hijo de Dios.

"Señor, enséñanos a orar"

Oh, tú mi bendito Sumo Sacerdote, acepta la consagración en la que mi alma ahora puede responder a tu mensaje. Creo en el **sacerdocio santo de tus santos**, y que yo también soy un sacerdote, con poder para presentarme delante del Padre, y creo que en la oración que puede mucho puedo bajar bendición para los que perecen a mi alrededor.

Creo en el poder de tu preciosa sangre para limpiar todo pecado, para darme perfecta confianza hacia Dios, y para acercarme en plena certidumbre de fe de que mi intercesión será escuchada.

Creo en la unción del Espíritu, que baja diariamente desde ti, mi gran Sumo Sacerdote, para santificarme, para llenarme de la conciencia de mi llamado sacerdotal, y del amor por las almas, para enseñarme lo que está de acuerdo con la voluntad de Dios, y para enseñarme a orar la oración de fe.

Creo que tú, mi Señor Jesús, estás en todas las cosas de mi vida; por eso, tú también eres **la garantía de mi vida de oración**, y me acercarás a la comunión de tu maravillosa obra de intercesión.

En esta fe me rindo en este día a mi Dios, como uno de sus sacerdotes ungidos, para estar delante de su rostro para interceder en favor de los pecadores, y para salir y bendecir en su nombre.

¡Santo Señor Jesús! Acepta y sella mi consagración. Sí, Señor, pon tus manos sobre mí, y conságrame para esta tu santa obra. Y permíteme caminar entre los hombres con la conciencia y el carácter de un sacerdote del Dios Altísimo.

Para Él que nos amó, y lavó todos nuestros pecados **con su propia sangre y nos ha hecho** reyes y sacerdotes para Él y su Padre, sea la gloria, y el dominio por los siglos de los siglos. Amén.

15

"Orad sin cesar"
o, una vida de oración.

*Estad siempre gozosos; orad sin
cesar; dad gracias en todo.*
–1 Tesalonicenses 5:16-18

Nuestro Señor narró la parábola de la viuda y el juez
injusto, para enseñarnos que los hombres deben
orar siempre y no desmayar. Así como la viuda perseveró
al buscar una cosa definida, la parábola parece hacer referencia a la oración perseverante por alguna bendición,
cuando Dios demora o parece negar la respuesta. Las palabras en las Epístolas, que hablan de continuar de inmediato con la oración, de continuar en oración y de orar
siempre en el Espíritu, parecen referirse más a que toda
la vida debe ser una vida de oración. Así como el alma se
llena con el anhelo por la manifestación de la gloria de
Dios hacia nosotros y en nosotros, a través y alrededor de

nosotros, y con la confianza en cuanto a que Él escucha las oraciones de sus hijos, la vida interior del alma continuamente se levanta hacia arriba en dependencia y en fe, en anhelante deseo y en confiada espera.

Al cierre de nuestras meditaciones no será difícil decir que es necesario vivir tal vida de oración. Lo primero, indudablemente, es el total sacrificio de la vida para el Reino y la gloria de Dios. Aquel que busca orar sin cesar porque quiere ser muy piadoso o muy bueno, nunca alcanzará ese nivel de vida. Debemos olvidarnos de nosotros mismos y rendirnos a una vida para Dios y para su honra, porque eso es lo que ensancha el corazón, lo que nos enseña a considerar todo en la luz de Dios y de su voluntad, y lo que instintivamente reconoce en todo lo que está a nuestro alrededor, la necesidad de la ayuda y la bendición de Dios.

Porque todo es pesado y probado por lo único que llena el corazón, la gloria de Dios, y porque el alma ha aprendido que solo lo que es de Dios puede realmente ser para Él y para su gloria, y que toda la vida se vuelve una mirada hacia arriba, un clamor desde los más profundo del corazón para que Dios pruebe su poder y su amor y así pueda mostrar su gloria.

El creyente despierta a la conciencia de que Él es uno de los atalayas de los muros de Sion, uno de los oficiales de la corte del Señor, cuyo llamado realmente toca y mueve al rey del cielo a hacer lo que de otra manera no sería hecho. Entiende cuán real era la exhortación de Pablo: "*Orando en todo tiempo con toda oración y súplica en el Espíritu, y velando en ello con toda perseverancia y súplica por todos*

los santos" (Efesios 6:18), y *"Perseverad en la oración (...)
orando al mismo tiempo también por nosotros"* (Colosenses
4:2-3). Olvidarse de uno mismo y vivir para Dios y para su
reino entre los hombres, es la manera de aprender a orar
sin cesar.

Esta vida dedicada a Dios debe estar acompañada de
la enorme confianza de que nuestra oración es eficaz. Hemos visto cómo nuestro bendito Señor no insistió tanto,
en sus lecciones de oración, en la fe en el Padre como en
un Dios que con seguridad hace lo que nosotros le pedimos. *"Pedid y recibiréis"*, cuenta confiadamente con una
respuesta, con Él está el principio y el fin de su enseñanza
(compare Mateo 7:8 y Juan 16:24). En parte, cuando esta
seguridad nos domina y llega a ser una cosa establecida el
hecho de que nuestras oraciones dicen y que Dios hace lo
que pedimos, nos atrevemos a no descuidar de este maravilloso poder; el alma se vuelve completamente a Dios, y
nuestra vida se vuelve una oración.

Vemos que el Señor necesita y toma tiempo, porque
nosotros y todos los que nos rodean somos criaturas del
tiempo, bajo la ley del crecimiento; pero al saber que ni
una sola oración de fe puede perderse, porque a veces hay
una razón necesaria para el almacenamiento y la acumula-
ción de oraciones, la oración perseverante es irresistible, y
se vuelve en el silencioso y persistente vivir de nuestra vida
de deseo y de fe en la presencia de nuestro Dios.

Oh, ya no permitamos más que por nuestro razonamiento limitemos y debilitemos esas promesas gratuitas
y tan seguras del Dios viviente, robándoles de su poder, y

robándonos a nosotros mismos la maravillosa confianza que ellas pueden inspirar. No en Dios, no en su voluntad secreta, no en las limitaciones de sus promesas, sino en nosotros, en nosotros está el impedimento; no somos lo que deberíamos ser para obtener la promesa. Abramos todo nuestro corazón a las palabras de las promesas de Dios en toda su simplicidad y verdad: ellas nos escudriñarán y nos humillarán; nos levantarán y nos harán felices y fuertes. Y para la fe que sabe que consigue lo que pide, la oración no es un trabajo ni una carga, sino un gozo y un triunfo; se convierte en una necesidad y en una segunda naturaleza.

Esta unión del fuerte deseo con la confianza firme, otra vez no es otra cosa que la vida del Espíritu Santo en nosotros. El Espíritu Santo vive en nosotros, se esconde en las profundidades de nuestro ser, e inspira el deseo por el Invisible y por lo divino, por Dios mismo. Ahora con gemidos que no pueden ser pronunciados, luego con una seguridad clara y consciente; ahora con distintas peticiones especiales para la revelación más profunda de Cristo a nosotros, luego en súplicas por un alma, un trabajo, la Iglesia o el mundo, siempre y solamente es el Espíritu Santo quien hace que el corazón tenga sed de Dios, y que anhele que Él sea conocido y glorificado. Donde el hijo de Dios realmente vive y anda en el Espíritu, donde no está contento con ser carnal, sino que busca ser espiritual, ser siempre una rama adecuada para que el Espíritu divino revele la vida de Cristo y a Cristo mismo, allí la vida de incesante intercesión del bendito Hijo no puede sino revelarse y repetirse en nuestra experiencia.

Debido a que es el Espíritu Santo quien ora en nosotros, nuestra oración debe ser escuchada; debido a que nosotros oramos en el Espíritu, se necesita tiempo, paciencia, y una constante renovación de la oración, hasta que cada obstáculo sea conquistado, y la armonía entre el Espíritu de Dios y el nuestro sea perfecta.

Lo más importante que necesitamos para esa vida de incesante oración, es saber que Jesús nos enseña a orar. Hemos empezado a entender un poco lo que *su* enseñanza realmente es. No es la comunicación de nuevos pensamientos o puntos de vista, no es el descubrimiento del fracaso o del error, ni la agitación del deseo y de la fe, ni de cuán importante pueda ser todo esto, sino el llevarnos a la comunión de su propia vida de oración delante del Padre; es esto lo que Jesús realmente enseña.

Fue Jesús mientras oraba lo que hizo que los discípulos anhelaran y pidieran ser enseñados en la oración. Es la fe del Jesús que siempre ora, de quien únicamente es el poder para orar, la que verdaderamente nos enseña a orar. Sabemos por qué: aquel que ora es nuestra cabeza y nuestra vida. Todo lo que Él tiene es nuestro y es dado a nosotros cuando nosotros nos damos del todo a Él. Por su sangre Él nos lleva a la inmediata presencia de Dios. El santuario interior es nuestro hogar, vivimos allí. Y aquel que vive tan cerca de Dios, y sabe que ha sido acercado para bendecir a aquellos que están lejos, no puede sino orar.

Cristo nos hace partícipes con Él de su poder en la oración y de su vida de oración. Entendemos entonces que nuestro verdadero objetivo no debe ser trabajar mucho y orar lo suficiente solo para mantener la obra, sino orar mucho y luego trabajar lo suficiente por el poder y la bendición obtenida en la oración, para que encuentre su camino a través de nosotros hacia los hombres. Es Cristo el que vive perpetuamente para orar, quien salva y quien reina. Él nos comunica su vida de oración: Él la mantiene en nosotros, si confiamos en Él. Él es la garantía de nuestra oración sin cesar. Sí, Cristo nos enseña a orar al mostrarnos cómo Él lo hace, al hacerlo en nosotros y al llevarnos a hacerlo en Él y como Él. Cristo es todo, la vida y la fuerza para una incesante vida de oración.

Ver a Cristo que siempre ora por nuestra vida, es lo que nos capacita para orar sin cesar. Porque su sacerdocio es el poder de una vida eterna, esa vida de resurrección que nunca se apaga y que nunca falla, y porque su vida es nuestra vida, orar sin cesar puede ser para nosotros nada menos que el gozo de la vida del cielo. Por eso el apóstol dice: "Regocijaos *siempre*; orad *sin cesar*; dad gracias *en todo*".

Contenida entre el gozo incesante y la alabanza incesante, la oración incesante es la manifestación del poder de la vida eterna, en donde Jesús siempre ora. La unión entre la vid y el pámpano es en realidad la unión de la oración. La más alta conformidad a Cristo, la participación más bendecida en la gloria de su vida celestial, es cuando tomamos parte en su obra de intercesión: Él y nosotros vivimos perpetuamente para orar. En la experiencia de nuestra unión con Él, orar sin cesar viene a ser una posibilidad, una realidad, la parte más santa y más bendecida de nuestra santa y bendita comunión con Dios. Tenemos nuestra morada detrás del velo, en la presencia del Padre. Lo que el Padre dice, nosotros hacemos; lo que el Hijo dice, el Padre hace. Orar sin cesar es la manifestación terrenal del cielo que desciende a nosotros, el anticipo de la vida en donde las oraciones no descansan ni de día ni de noche en la canción de culto y adoración.

"Señor, enséñanos a orar"

Oh, Padre mío, con todo mi corazón te alabo por esta maravillosa vida de oración incesante, de comunión incesante, de respuestas incesantes y de incesantes experiencias de mi unidad con Él, quien vive perpetuamente para orar. ¡Oh, mi Dios! Mantenme siempre en la vida y la presencia de tu gloria, que la oración pueda ser la expresión espontánea de mi vida contigo.

¡Bendito Salvador! Con todo mi corazón te alabo porque tú viniste desde el cielo para estar conmigo junto a mis necesidades y mi llanto, para que yo pueda estar junto a ti en tu poderosa intercesión. Y te agradezco porque me has hecho entrar en la escuela de oración, para enseñarme la bienaventuranza y el poder de una vida que es toda oración. Y, sobre todo, porque me has llevado a la comunión de tu vida de intercesión, para que a través de mí, también tus bendiciones puedan ser dadas a aquellos que me rodean.

¡Espíritu Santo! Con profunda reverencia te agradezco por tu obra en mí. ¡Es a través tuyo que soy levantado en una parte en la comunión entre el Hijo y el Padre, y así también entro en la comunión de la vida y el amor del

Santo Espíritu de Dios! Perfecciona tu obra en mí; lléva-me a una perfecta unión con Cristo mi intercesor. Permite que tu incesante presencia haga de mi vida una incesante intercesión. Y deja que mi vida sea totalmente dedicada para la gloria del Padre, y para bendición de aquellos que me rodean. Amén.

George Müller, y el secreto de su poder en la oración

Cuando Dios desea enseñar nuevamente a su Iglesia una verdad que no es entendida ni practicada, mayormente lo hace levantando a algún hombre para que sea, de palabra y de hecho, un vivo testimonio de La Palabra. Y por eso Dios levantó en el siglo XIX, entre otros, a George Müller, para ser un testimonio de que en verdad Dios escucha la oración. No conozco otra forma en que las principales verdades de La Palabra de Dios con respecto a la oración, puedan ser ilustradas y establecidas más efectivamente que haciendo un corto repaso de su vida y de lo que él dice de sus experiencias en la oración.

Él nació en Prusia el 25 de septiembre de 1805, por lo que ahora ya tiene ochenta años. Los primeros años de su vida, incluso después de haber ingresado a la University of Halle como un estudiante de Teología, fueron malos en extremo. Llevado por un amigo una noche, cuando tenía solo veinte años de edad, a una reunión de oración, estaba profundamente impresionado, y muy pronto llegó a conocer al Salvador. No mucho después empezó a leer notas de misioneros, y con el tiempo se ofreció a la Sociedad Londinense para promover el cristianismo entre los judíos.

Fue aceptado como estudiante, pero pronto encontró que no podía someterse en todas las cosas a las reglas de la Sociedad, puesto que dejaba muy poca libertad para la guía del Espíritu Santo. La conexión fue disuelta en 1830 por mutuo consentimiento, y llegó a ser el pastor de una pequeña congregación en Teignmouth. En 1832 fue llevado a Bristol como pastor de la Capilla Bethesda, porque fue llevado al hogar de huérfanos para otras tareas, en relación con lo que Dios tan notablemente lo había llevado a confiar en su Palabra y a experimentar cómo Dios cumple esa Palabra.

Algunos fragmentos en relación a su vida espiritual prepararían el camino para lo que nosotros especialmente queremos citar de sus experiencias con respecto a la oración.

"En relación a esto, yo mencionaría, que el Señor con mucha gracia me dio, desde el mismo comienzo de mi vida divina, una medida de simplicidad y de sincera disposición en las cosas espirituales, de tal manera que mientras yo era extremadamente ignorante de la Escritura, y de vez en cuando era vencido aún por pecados superficiales, todavía no estaba capacitado para llevar muchas cosas al *Señor en oración*. Y he encontrado una 'devoción provechosa en todas las cosas, teniendo la promesa de la vida que ahora es, y de la que está por venir'. Aunque muy débil e ignorante, sin embargo, ahora tenía, por la gracia de Dios, algún deseo de beneficiar a otros, y quien tan fielmente había servido a Satanás, ahora buscaba ganar almas para Cristo".

Fue en Teignmouth que fue guiado a saber cómo usar La Palabra de Dios, y a confiar en el Espíritu Santo como el Maestro dado por Dios para aclarar esa palabra.

Él escribe:

"Entonces Dios empezó a mostrarme que solo La Palabra de Dios es nuestra norma de juicio en las cosas espirituales; que puede ser explicada solo por el Espíritu Santo, y que es así en la actualidad, tanto como en los tiempos antiguos. Él es el Maestro de su pueblo. El oficio del Espíritu Santo que experimentalmente yo no había entendido antes de ese tiempo.

Fue mi principio entender este último punto en particular, el cual tuvo un gran efecto en mí; porque el Señor me capacitó para ponerlo en la prueba de la experiencia, al dejar de lado comentarios, y casi cualquier otro libro para simplemente leer La Palabra de Dios y estudiarla.

El resultado de esto, fue que la primera noche que me encerré en mi habitación, para darme a la oración y a la meditación de La Escritura, aprendí más en unas pocas horas que lo que había aprendido en varios meses anteriores.

Pero la diferencia particular fue que al hacerlo recibí una verdadera fuerza para mi alma. Ahora empezaba a probar por medio de La Escritura las cosas que había aprendido y que había visto, y encontré que solo aquellos principios que pasaban la prueba eran de verdadero valor".

De la obediencia a La Palabra de Dios, escribe lo siguiente, en relación a su bautismo: "Agradó a Dios, en su abundante misericordia, llevar mi mente a tal estado, que yo estaba dispuesto a llevar a cabo en mi vida cualquier cosa que encontraba en La Escritura. Yo podía decir: 'Haré su voluntad', y creo que fue por eso que vi cuál *doctrina es de Dios*'. Y pude observar aquí, a propósito, que el pasaje al que yo me había referido (Juan 7:17) había sido el comentario más notable para mí en cuanto a muchas doctrinas y preceptos de nuestra muy santa fe. Por ejemplo:

> '*Pero yo os digo: No resistáis al que es malo; antes, a cualquiera que te hiera en la mejilla derecha, vuélvele también la otra; y al que quiera ponerte a pleito y quitarte la túnica, déjale también la capa; y a cualquiera que te obligue a llevar carga por una milla, ve con él dos. Al que te pida, dale; y al que quiera tomar de ti prestado, no se lo rehúses. Oísteis que fue dicho: Amarás a tu prójimo, y aborrecerás a tu enemigo. Pero yo os digo: Amad a vuestros enemigos, bendecid a los que os maldicen, haced bien a los que os aborrecen, y orad por los que os ultrajan y os persiguen…*' (Mateo 5:39-44). "*Vended lo que poseéis y dad limosnas*' (Lucas 12:33). '*No debáis a nadie nada, sino el amaros unos a otros*' (Romanos 13:8). Puede decirse, 'seguramente que estos pasajes no pueden ser tomados literalmente, porque ¿cómo entonces el pueblo de Dios sería capaz de pasar por el mundo? El pensamiento asociado en Juan 7:17 hará desaparecer esa objeción. **El que está dispuesto a actuar estos mandamientos** del Señor **literalmente,**

será llevado conmigo para ver, que tomarlos literalmente es la voluntad de Dios. Aquellos que lo hagan *así*, sin duda muchas veces estarán en dificultades difíciles de soportar para la carne, pero estas tendrán la tendencia a hacerlos sentir constantemente de que son extranjeros y peregrinos aquí, que este mundo no es nuestro hogar, y en consecuencia los llevarán a estar más cerca de Dios, quien ciertamente nos ayudará en medio de cualquier dificultad a la cual podamos ser llevados al buscar actuar en obediencia a su Palabra".

Esta rendición implícita a La Palabra de Dios lo llevó a ciertos conceptos y conductas con respecto al dinero, el cual influenciaba poderosamente su vida futura. Ellos tenían sus raíces en la convicción de que el dinero era una mayordomía divina, y que por eso todo dinero tenía que ser recibido y entregado en directa comunión con Dios. Esto lo llevó a la adopción de las siguientes cuatro grandes reglas:

1. **No recibir ningún salario fijo**, porque en la recolección del dinero, muchas veces habían muchas cosas que estaban en desacuerdo con la ofrenda de libre albedrío con lo que el servicio a Dios es mantenido, y porque en el recibo de dinero existe el peligro de volverse más dependiente de los recursos económicos humanos que del Dios viviente.

2. **Nunca pedir ayuda a ningún ser humano**, aunque la necesidad pueda ser grande, sino hacer conocer las

peticiones al Dios que prometió cuidar de sus siervos y escuchar las oraciones de ellos.

3. **Tomar este mandamiento (Lucas 12:33) literalmente**, "*Vended lo que poseéis y dad limosnas*", y nunca ahorrar dinero, sino gastar todo lo que Dios le confió en los pobres de Dios, y en la obra de su reino.

4. **También tomar Romanos 13:8**: "*No debáis a nadie nada*", literalmente, y nunca comprar a crédito, ni estar en deuda por algo, sino confiar en que Dios proveerá. Este modo de vida al principio no fue fácil. Pero Müller testifica que era una mayor bendición llevar el alma a descansar en Dios, y acercarla en una unión más cercana con el Señor cuando tendía a recaer. "Porque no será, ni es posible ahora, vivir en pecado, y al mismo tiempo, por la comunión con Dios, bajar desde el cielo todo lo que uno necesita para la vida".

No mucho después de su establecimiento en Bristol, "El conocimiento escritural, institución para el país y el extranjero", fue establecida para ayudar en la Escuela bíblica diurna, la obra misionera y bíblica. De esta institución, la obra del hogar de huérfanos, por la cual el señor Müller es más conocido, llegó a ser una rama. Fue en 1834 que su corazón fue tocado por el caso de un huérfano llevado a Cristo en una de las escuelas, y que tenía que ir a una casa para pobres en donde no se tenía en cuenta la carencia espiritual. Poco después, escribe (20 de noviembre de 1835): "Hoy he sentido en mi corazón, que ya no debo simplemente *pensar* en el establecimiento de un hogar de huérfanos, sino en realmente difundir la idea, y he orado mucho al respecto, con el fin de averiguar el pensamiento del Señor. Que el Señor lo aclare todo". Y nuevamente el 25 de noviembre: "Otra vez he orado mucho ayer y hoy por el hogar de huérfanos, y estoy más y más convencido de que es de Dios. Que en su misericordia Él me guíe. Las tres importantes razones son:

1. Que Dios pueda ser glorificado, que Él se agrade en proveerme los medios, porque no es en vano confiar en Él; y que de esta manera la fe de sus hijos pueda ser fortalecida.
2. El bienestar espiritual de los niños sin padres o sin madres.
3. El bienestar material de ellos.

Luego de algunos meses de oración y de esperar en Dios, se alquiló una casa, con habitaciones para treinta niños, y más adelante se alquilaron tres casas más, que contenían en total a ciento veinte niños. El trabajo fue llevado a cabo de esta manera durante diez años, las provisiones para las necesidades de los huérfanos eran pedidas en oración y recibidas solo de parte de Dios.

A menudo hubo momentos de penosas necesidades y de mucha oración; sin embargo, una prueba de fe más preciosa que el oro, fue encontrada para la alabanza, la honra y la gloria de Dios. El Señor preparaba a su siervo para cosas más grandes. Por su providencia y por su Espíritu Santo, el señor Müller fue llevado a desear, y a esperar en

Dios hasta que recibió de Él, la promesa segura de 15.000 libras para un hogar que contendría a 300 niños. Este primer hogar fue abierto en 1849. En 1858, un segundo y un tercer hogar, para 950 huérfanos más, fue abierto, con un costo de 35.000 libras. Y en 1869 y 1870, un cuarto y un quinto hogar, para 850 niños más, por un valor de 50.000 libras, que suman un total de 2.100 huérfanos.

Además de esta obra, Dios le ha dado casi tanto como para el edificio del hogar de huérfanos, y el mantenimiento de los hogares, para otra obra, para la ayuda de las escuelas y las misiones, para Biblias y tratados. El total de todo lo que recibió de Dios, para gastar en su obra durante estos cincuenta años, suma más de un millón de libras esterlinas. Cuán poco él sabía, notemos cuidadosamente, cuando abandonó su pequeño salario de 35 libras anuales, en obediencia a la guía de La Palabra de Dios y del Espíritu Santo, lo que Dios preparaba para darle como recompensa a la obediencia y a la fe; y cuán maravillosamente La Palabra fue cumplida para él: *"Bien, buen siervo y fiel; sobre poco has sido fiel, sobre mucho te pondré"* (Mateo 25:21).

Y estas cosas han pasado como un ejemplo para nosotros. Dios nos llama a ser seguidores de George Müller, así como él es seguidor de Cristo. Su Dios es nuestro Dios; las mismas promesas son para nosotros; el mismo servicio de amor y fe en el cual él trabajó está llamándonos en todos lados. Con respecto a nuestras lecciones en la escuela de oración, estudiemos la forma en que Dios le dio a George Müller el poder para ser un hombre de oración: Allí encontraremos las ilustraciones más notables de algunas de las lecciones que hemos estudiado con el bendito Maestro en La Palabra. Especialmente, habremos impreso en nosotros su primera gran lección, de que si vamos a Dios en la forma que Él ha señalado, con peticiones definidas, y por el Espíritu a través de La Palabra, sabiendo que nuestras peticiones están de acuerdo con la voluntad de Dios, podemos creer más confiadamente de que cualquier cosa que pidamos, nos será concedida.

La oración y La Palabra de Dios

El hecho de que Dios escuche nuestra voz, más de una vez depende de si nosotros escuchamos la de Él. Debemos tener no solo una promesa especial para orar, cuando hacemos una petición especial, sino que toda nuestra vida debe estar bajo la supremacía de La Palabra: La Palabra debe morar en nosotros. El testimonio de George Müller sobre este punto, es muy instructivo. Él nos relata cómo el descubrimiento del verdadero lugar de La Palabra de Dios, y de la enseñanza del Espíritu con ella, fue el comienzo de una nueva era en su vida espiritual. Al respecto, escribe:

"El camino bíblico del razonamiento puede haber sido: Dios se ha dignado en ser un autor, y yo soy un ignorante en cuanto a ese precioso Libro, el cual su Santo Espíritu causó que fuera escrito por medio de los instrumentos de sus siervos, y contiene aquello que debo conocer, y el conocimiento de lo que me llevará a la verdadera felicidad; por eso debo leer una y otra vez este tan precioso libro, este libro de libros, con más seriedad, con más devoción y con mucha meditación; y en esta práctica debo continuar todos los días de mi vida. Porque me di cuenta, de que aunque leía solo un poco, sabía muy poco o nada de él. Pero en lugar de actuar en consecuencia y ser llevado por mi ignorancia de La Palabra de Dios a estudiarla más, mi dificultad para entenderla, y lo poco que disfrutaba de ella, me hicieron indiferente a su lectura (porque la dedicación a la lectura de La Palabra nos da más conocimiento y aumenta el deleite que tenemos al leerla); y así, como muchos creyentes, prácticamente preferí, durante los primeros cuatro años de mi vida divina, leer las obras de hombres no inspirados en lugar de La Palabra del Dios viviente. La consecuencia fue que me quedé como un bebé, tanto en conocimiento como en gracia. En conocimiento digo, por todo el *verdadero* conocimiento que debe ser derivado por el Espíritu, desde La Palabra. Y mientras yo descuidaba La Palabra, durante casi cuatro años fui tan ignorante, que no sabía con claridad ni siquiera los puntos *fundamentales* de nuestra fe santa. Y esta falta de conocimiento, tristemente me apartó de poder caminar con firmeza en los caminos de Dios. Porque cuando agradó al Señor en agosto de 1829, llevarme realmente a Las Escrituras, mi vida y mi caminar llegaron a ser muy diferentes. Y aunque desde entonces me he quedado corto con respecto a lo que puedo y debo ser, por la gracia de Dios todavía he sido capacitado para vivir mucho más cerca de Él que antes. Si cualquier creyente lee esto y prácticamente disfruta de los escritos de los hombres mucho más que de La Palabra de Dios, sea advertido por mi pérdida. Considero este libro como el medio para hacer mucho bien. Agrade al Señor, que por medio de este instrumento, algunos de sus hijos sean guiados para ya no más descuidar Las Santas Escrituras, sino que reciban esa preferencia que ellos hasta ahora han concedido a los escritos de los hombres.

Antes de dejar este tema quisiera añadir que si el lector entiende poco de La Palabra de Dios, debe leerla mucho, porque el Espíritu explica La Palabra por medio de La Palabra. Y si disfruta poco de la lectura de La Palabra, esta es precisamente la razón por la que debe leer mucho; porque la lectura frecuente de La Escritura crea un deleite, de tal manera que cuanto más la lee, más deseará hacerlo.

Sobre todo, el lector debe buscar tener establecido en su mente, el hecho de que solo Dios por su Espíritu puede enseñarle, y que por esa razón, como Dios es quien tiene las bendiciones, le corresponde a él buscar las bendiciones de Dios antes de la lectura, y también mientras lee.

Debería tener también establecido en su mente, que aunque el Espíritu Santo es el *mejor* y *suficiente* Maestro, este Maestro no siempre enseña inmediatamente *cuando* nosotros lo deseamos, y que por eso es posible que tengamos que rogarle una y otra vez por la explicación de ciertos pasajes; pero en algún momento Él nos los enseñará, si en verdad buscamos la luz con devoción, con paciencia y con nuestra vista hacia la gloria de Dios"[9]

En su diario encontramos una frecuente mención so-

---

9   Los fragmentos son de una obra en cuatro volúmenes, *Los tratos de Dios con George Müller*. J. Nisbet & Co., Londres.

bre las dos y tres horas que pasaba en oración en La Palabra para la alimentación de su vida espiritual. Como fruto
de esto, cuando tenía necesidad de fuerza y de ánimo en
la oración, las promesas individuales no eran para él ar-
gumentos de un libro que tenía que presentar delante de
Dios, sino palabras vivas que había escuchado, que la voz
del Padre le había hablado, las cuales ahora en fe, podía
traer delante del Padre.

La oración y la voluntad de Dios

Una de las más grandes dificultades con jóvenes creyentes, es cómo ellos pueden saber si lo que desean es
conforme a la voluntad de Dios. La cuento como una de
las lecciones más preciosas, que Dios quiere enseñar a través de la experiencia de George Müller. Dios está dispuesto a hacer conocer cosas de las que su Palabra no dice
nada directamente, que son su voluntad para nosotros, y
que debemos pedirlas. La enseñanza del Espíritu, no una
enseñanza externa ni contra La Palabra, sino como algo
por encima y más allá de ella, en adición a ella, sin la cual
no podemos ver la voluntad de Dios, es la herencia de
cada creyente. Es por medio de **La Palabra, y solo de La
Palabra**, que el Espíritu enseña, aplicando los principios
generales o las promesas a nuestra necesidad específica. Y
es **el Espíritu, y solo el Espíritu**, quien puede hacer realmente de La Palabra una luz en nuestro camino, ya sea el
camino del deber en nuestro diario caminar, o el camino
de la fe en nuestro acercamiento a Dios. Tratemos y notemos con qué sincera simplicidad y receptividad fue que

el descubrimiento de la voluntad de Dios fue tan seguro y tan claramente dado a conocer a su siervo.

Con respecto a la construcción del primer hogar y a la seguridad que él tenía en cuanto a que su proyecto era la voluntad de Dios, él escribió en mayo de 1850, justo después que fuera abierto, sobre las grandes dificultades que había, y de cuán poco probable parecía que esas dificultades fueran eliminadas: "Pero aunque la probabilidad delante de mí habría sido abrumadora si la hubiera visto en lo natural, nunca ni por una sola vez me permití cuestionar cómo terminaría todo. Porque desde el principio yo estaba seguro de que *era la voluntad de Dios* que empezara la obra de construcción de este gran hogar de huérfanos para Él, así como también tenía la certeza de que todo estaría terminado como si el hogar ya estuviera lleno".

La forma en que descubrió cuál era la voluntad de Dios, aparece con una especial claridad en su descripción del edificio del segundo hogar; y yo le pido al lector que estudie con cuidado la lección que la narración transmite:

"5 de diciembre de 1850. Bajo estas circunstancias, solo puedo orar para que el Señor en su tierna misericordia no permita a Satanás ganar ventaja sobre mí. Por la gracia de Dios mi corazón dice: Señor, si pudiera estar seguro de que es tu voluntad que yo siga adelante con este asunto, lo haré con alegría; y por otro lado, si pudiera estar seguro de que esto es en vano, insensato, que son pensamientos orgullosos y que no provienen de ti, por tu gracia, odiaría este plan y lo dejaría totalmente a un lado.

Mi esperanza está en Dios: Él me ayudará y me

enseñará. Sin embargo, a juzgar por sus tratos anteriores conmigo, no sería algo extraño para mí, ninguna sorpresa, si Él me llamara para trabajar en este camino incluso con cosas más grandes.

Las ideas de ensanchar la obra del orfanato todavía no han surgido a causa de una abundancia de dinero que hubiera ingresado recientemente; porque últimamente he tenido que esperar en Dios como siete semanas, mientras que entraba poco, comparativamente muy poco, por ejemplo, como cuatro veces salió tanto como entró; y si el Señor no me hubiera enviado previamente grandes sumas, de hecho habríamos estado en aprietos".

¡Señor! ¿Cómo puede tu siervo conocer tu voluntad en este asunto? ¿Te agradaría enseñarle?

11 de diciembre. Durante los últimos seis días, mientras escribía lo anterior, día tras día he esperado en Dios con respecto a este asunto. Por lo general ha estado más o menos todo el día en mi corazón. Cuando he estado despierto en las noches, tampoco ha estado lejos de mis pensamientos. Y todo esto sin la última emoción. Estoy totalmente calmo y en silencio al respecto. Mi alma se regocijaría al seguir adelante con este servicio, si yo estuviera seguro de que el Señor quiere que haga esto; porque entonces, a pesar de las innumerables dificultades, todo estaría bien, y su nombre sería magnificado.

Por otro lado, si me hubiera asegurado de que el Señor quisiera que yo testificara con mi actual esfera de servicio, y de que no debería orar por la extensión de la obra, por su gracia, **sin ningún esfuerzo**, alegremente me rendiría a ello; porque Él me ha llevado a un estado de corazón, que solo deseo agradarle en este asunto. Es más, hasta ahora no había hablado de esto ni siquiera con mi amada esposa, quien comparte mis alegrías, mis tristezas, y que ha trabajado por más de veinte años; tampoco es probable que lo haga al menos por un tiempo: porque prefiero esperar silenciosamente en el Señor, sin hablar de este tema, con el fin de que así pueda ser guardado más fácilmente, por su bendición, de ser influenciado por cosas de afuera. La carga de mi oración con respecto a este asunto es que el Señor no me permita cometer algún error y que Él me enseñe a hacer su voluntad.

26 de diciembre. Han pasado quince días desde que escribí el párrafo anterior. Cada día, desde entonces, he continuado orando por este asunto, y lo he hecho con una piadosa medida de seriedad, con la ayuda de Dios. Ha pasado escasamente una hora durante estos días, en la cual, mientras estuve despierto, este asunto no ha estado más o menos delante de mí. Y todo sin siquiera una sombra de emoción. No converso con nadie al respecto. Hasta ahora, ni siquiera lo he hablado con mi querida esposa. Por esto me abstengo todavía, y trato el tema solo con Dios, con el fin de que ninguna influencia exterior, ni ninguna

emoción exterior pueda impedir que yo alcance **un claro descubrimiento de su voluntad.** Tengo la más plena y la más pacífica seguridad, de que Él me mostrará claramente **su voluntad.** Esta noche también he tenido un especial tiempo solemne para la oración, para buscar conocer la voluntad de Dios. Pero mientras continúo rogando e implorando al Señor, para que Él no me permita ser engañado en este asunto, puedo decir que tengo escasamente alguna duda en mi mente con respecto a cuál será el problema, aunque seguiría adelante en este asunto.

Sin embargo, así como este es uno de los pasos más trascendentes que he dado, creo que no puedo seguir con este asunto con demasiada precaución, con oración y tanta deliberación. No tengo ningún apuro al respecto. Podría esperar por años, por la gracia de Dios, tu voluntad, incluso antes de dar un solo paso hacia esta cuestión, sin ni siquiera hablar del asunto con alguien; y, por otro lado, empezaría a trabajar mañana, si el Señor me invitara a hacerlo. Esta calma de la mente, esto de no tener ningún deseo propio en el asunto, este único deseo de agradar a mi Padre celestial en esta situación, esto de buscar solo su honra y no la mía en este asunto; este estado del corazón, digo, para mí es la seguridad más completa de que mi corazón no está bajo ninguna emoción carnal, y que, si soy ayudado a seguir de esta manera, **conoceré la voluntad de Dios en su plenitud.**

Pero, mientras escribo esto, no puedo sino añadir al

mismo tiempo, que anhelo el honor y el glorioso privilegio de ser más y más usado por el Señor.

Deseo tener la oportunidad de proveer instrucción bíblica para mil huérfanos, en lugar de solo a trescientos. Deseo exponer regularmente Las Santas Escrituras a mil huérfanos, en lugar de hacerlo solo a trescientos. Deseo que sea aún más abundantemente manifiesto que Dios es todavía quien escucha y quien contesta las oraciones, y que Él es el Dios viviente ahora y como nunca antes lo fue y como jamás lo será, cuando en respuesta a la oración acceda a proporcionarme una casa para setecientos huérfanos y con medios para ayudarlos.

Esta última consideración es el punto más importante en mi mente. El honor del Señor es el punto principal conmigo en todo este asunto; y solo porque este es el caso, si Él fuera más glorificado al no seguir adelante con este asunto, por su gracia yo estaría muy contento con abandonar todos los pensamientos acerca de otro hogar de huérfanos. Seguramente con esa manera de pensar, obtenida por medio del Espíritu Santo, tú, oh, mi Padre celestial, no sufrirás que tu hijo se equivoque, y mucho menos que sea engañado. Con la ayuda de Dios continuaré día tras día esperando en Él en oración, en cuanto a este asunto, hasta que me invite a actuar.

2 de enero de 1851. Hace una semana escribí el párrafo anterior. Durante esta semana he sido ayudado cada

día, y más de una vez cada día, para buscar la guía del
Señor con respecto a otro hogar de huérfanos. La carga
de mi oración ha sido, que Él en su gran misericordia
me guarde de cometer algún error. Durante la semana pasada el libro de Proverbios apareció en el curso
de mi lectura bíblica, y mi corazón ha sido refrescado
en referencia a este tema por medio de los siguientes
pasajes: "*Confía en el Señor con todo tu corazón, y no te
apoyes en tu propio entendimiento. Reconócele en todos
tus caminos, y él enderezará tus sendas*" (Proverbios 3:5-
6). Por la gracia de Dios reconozco al Señor en todos
mis caminos, y en este tema en particular; por eso tengo la cómoda seguridad de que Él dirigirá mis pasos
en cuanto a esta parte de mi servicio, con respecto a si
estaré ocupado en Él o no. Además: "*La integridad de
los rectos los guiará*" (Proverbios 11:3). Por la gracia de
Dios soy recto en este asunto. Mi propósito honesto es
el conseguir dar gloria a Dios. Por eso espero ser guiado correctamente. Y también: "*Encomienda tus obras al
Señor, y tus propósitos se afianzarán*" (Proverbios 16:3).
Encomiendo mis obras al Señor, y por eso espero que
mis pensamientos sean afirmados. Mi corazón está
cada vez más en calma, más tranquilo, y está más seguro de que el Señor accederá a usarme aún más en
la obra para los huérfanos. He aquí Señor a su siervo.

Cuando Müller más tarde decidió construir dos casas adicionales, números 4 y 5, volvió a escribir de esta
manera:

Han pasado doce días desde que escribí el último párrafo. Día tras día he sido capacitado para esperar en el Señor con respecto a la ampliación de la obra del orfanato, y también he estado durante todo este período en perfecta paz, lo cual es el resultado de buscar en este asunto, solo la honra del Señor y el beneficio material y espiritual de mis semejantes. Sin ningún esfuerzo y por la gracia de Dios, podría poner a un lado todo pensamiento en cuanto a todo este asunto, si solo tuviera la seguridad de que es la voluntad de Dios que así lo hiciera; y, por otro lado, enseguida seguiría adelante, si Él quisiera que eso fuera así. He mantenido todo este asunto enteramente para mí. Aunque ahora pasaron casi siete semanas, puesto que día a día, más o menos, mi mente ha sido ejercitada en ello, y aunque que he orado diariamente al respecto, todavía ningún ser humano lo sabe.

Como todavía no lo he mencionado ni a mi querida esposa con el fin de poder esperar con tranquilidad en el Señor, y no ser influenciado por lo que puedan decirme con respecto a este asunto. Esta noche ha sido apartada en particular para orar, para rogar al Señor una vez más que no me permita cometer algún error en esta cuestión, y mucho menos ser engañado por el diablo. También he buscado dejar todas las razones en contra de la construcción de otro hogar de huérfanos, y todas las razones para hacerlo pesan en mi mente: y ahora por la claridad y con certeza, las escribo...

Muchas veces, sin embargo, mientras las nueve previas razones pesen en mí, todavía no me harán decidir si falta una más. Después de haber reflexionado durante meses en el asunto, y habiéndolo visto en todo su esplendor, y con todas sus dificultades, y finalmente haber sido llevado, después de mucha oración, a decidir sobre esta ampliación, mi mente está en paz. El hijo que una y otra vez ha implorado a su Padre celestial que no le permita ser engañado, y ni siquiera cometer un error, está en paz, perfectamente en paz con respecto a esta decisión, y en consecuencia tiene la seguridad de que la decisión final, después de mucha oración durante semanas y meses, es la guía del Espíritu Santo; y por eso propone ir adelante, seguramente creyendo que no será confundido, porque confía en Dios.

Muchas y grandes pueden ser sus dificultades; miles y diez miles de oraciones pueden haber ascendido hasta Dios, antes de que la totalidad de la respuesta haya sido obtenida; puede requerirse mucho el ejercicio de la fe y la paciencia; pero en el fin será visto otra vez, que su siervo, quien confía en Él, no será confundido".

La oración y la gloria de Dios

Hemos buscado más de una vez reforzar la verdad, de que mientras comúnmente buscamos las razones, por las que nuestras oraciones no son escuchadas porque lo que pedimos no está de acuerdo con la voluntad de Dios, La Escritura nos advierte que debemos buscar la causa en nosotros, tal vez por no estar en el estado correcto o por no pedir en el espíritu correcto. El asunto puede estar plenamente conforme a la voluntad de Dios, pero el espíritu del que pide, no; por eso no somos escuchados. Así como la gran raíz de todo pecado es el "yo" y el egoísmo, así también no hay nada que incluso en nuestros deseos más espirituales pueda impedir con más seguridad que Dios conteste, como esto: oramos por nuestro propio placer o nuestra propia gloria. Para que la oración tenga poder y prevalezca debemos pedir la gloria de Dios; y solo Él puede hacer esto, mientras vivamos para la gloria de Dios.

En George Müller tenemos a uno de los ejemplos más notables en cuanto al récord del Espíritu Santo de Dios que guía a un hombre deliberada y sistemáticamente, en el comienzo de un curso de oración, para hacer que la gloria de Dios sea su primer y único objetivo. Vamos a reflexionar bien en lo que dice, y a aprender la lección que Dios puede enseñarnos a través de Él:

"Constantemente he tenido muchos casos que han puesto delante de mí, los cuales probaban que una de las cosas especiales que los hijos de Dios necesitaban en nuestros días, **era tener su fe fortalecida**.

Por eso anhelaba tener algo para señalar a mi hermano, como una prueba visible de que nuestro Dios y Padre es el mismo Dios fiel que siempre fue; tan dispuesto como siempre, a **probar** que como en la antigüedad, Él es el **Dios viviente** en nuestros días, **para todo aquel que pone su confianza en Él**.

Mi espíritu anhelaba ser el instrumento para el fortalecimiento de la fe de ellos, al darles no solo ejemplos de La Palabra de Dios, de su disposición y habilidad para ayudar a todos lo que confían en Él, sino también

mostrarles por medio de pruebas, que Él es el mismo en nuestros días. Yo sabía que La Palabra de Dios debe ser suficiente, y fue por gracia, suficiente para mí; pero todavía considero que debo dar una mano de ayuda a mis hermanos.

Por eso me sentía limitado para ser el siervo de la Iglesia de Cristo, en el punto en el que había recibido misericordia; es decir, en ser capaz de tomar a Dios en su Palabra y confiar en ello. El primer objetivo de la obra era, y todavía lo es: **que Dios pueda ser magnificado** por el hecho de que los huérfanos bajo mi cuidado están provistos de todo lo que necesitan, **solo por medio de la oración y la fe,** sin pedir nada a nadie; por eso puede verse que Dios todavía es fiel, y todavía escucha las oraciones. En estos días he vuelto a orar mucho por el hogar de huérfanos, y con frecuencia he examinado mi corazón; para ver si mi deseo era ver esta obra, solo para satisfacerme a mí mismo, puedo averiguarlo. Porque así como solo deseo la gloria de Dios, estaría contento de ser instruido por la capacidad de mi hermano, si el asunto no es de Él.

Cuando empecé con la obra del Orfanato en 1835, mi principal objetivo era la gloria de Dios, por medio de una demostración práctica con respecto de lo que podía ser logrado simplemente a través de la instrumentación de la oración y la fe, para de esta manera beneficiar a la Iglesia en general, y guiar a un mundo descuidado a ver la realidad de las cosas de Dios, al mostrarles en esta obra, que el Dios viviente todavía es, como hace cuatro mil años, el Dios viviente. Este mi objetivo ha sido abundantemente honrado. Multitudes de pecadores han sido convertidos en consecuencia, y multitudes de los hijos de Dios en todas partes del mundo, han sido beneficiados por esta obra, tal como lo había anticipado.

Y cuanto más ha crecido la obra, más grande ha sido la bendición, concedida en la misma forma en la que busqué esta bendición: la obra ha sido para la atención de cientos de miles, y muchas decenas de miles han llegado a verla. Todo esto me lleva a desear cada vez más el trabajar en este camino, con el fin de producir una gloria mayor al nombre del Señor: **que Él pueda ser visto, magnificado, admirado y digno de confianza** en todo tiempo, es mi objetivo en este servicio; y particularmente en este proyecto de ampliación. Para que pueda ser visto lo que un hombre pobre, simplemente por la confianza en Dios puede ocasionar por medio de la oración, y que de esta manera otros hijos de Dios puedan ser guiados para llevar a cabo la obra de Dios, en dependencia de Él; y el hijo de Dios pueda ser guiado a confiar en Él, cada vez más en sus situaciones y circunstancias individuales, por eso soy llevado hacia esta posterior ampliación".

LA ORACIÓN Y LA CONFIANZA EN DIOS

Hay otros puntos en los que me gustaría señalar, lo que puede ser encontrado en la narración del señor Müller, y uno más debe bastar. Es la lección de una confianza firme y determinada en la promesa de Dios, como el secreto de la oración perseverante. Si alguna vez, en sumisión a la enseñanza del Espíritu en La Palabra, nos hemos tomado de la promesa de Dios y hemos creído que el Padre nos ha escuchado, no debemos permitir por ninguna demora o apariencias desfavorables, que nuestra fe sea movida.

"La respuesta completa a mis oraciones diarias estaban lejos de ser realizadas, aunque había abundante ánimo concedido por el Señor, para continuar en oración. Pero suponga que ha entrado mucho menos de lo que fue recibido; a pesar de eso, después de haber llegado a la conclusión, en el terreno espiritual, y después de mucha oración y autoexamen, debí seguir adelante sin dudar, en el ejercicio de la fe y la paciencia con respecto a este objetivo; y de esta manera, todos los hijos de Dios, una vez que saben que algo de lo que traen delante de Dios en oración, está de acuerdo con su voluntad, deben continuar en oración, creer, esperar y perseverar, hasta que la bendición fuera concedida.

Así, ahora, espero en Dios por ciertas bendiciones, por las cuales le he rogado al Señor diariamente durante diez años y seis meses, sin interrumpir ni un solo día. La respuesta completa todavía no ha sido concedida con respecto a la conversión de ciertas personas, aunque mientras tanto he recibido muchos miles de respuestas a la oración.

También he orado diariamente y sin interrupciones, por la conversión de otras personas por unos diez años, por otros, seis o siete años, por otros, dos o tres años; y todavía la respuesta no ha sido concedida en cuanto a esas personas, mientras tanto, muchos miles de mis oraciones han sido contestadas, y almas han sido convertidas, por quienes había orado. Pongo un énfasis particular en esto, para el beneficio de aquellos que pueden suponer que yo solo necesito pedirle a Dios para recibir una respuesta enseguida; o que puedo orar por cualquier cosa, y la respuesta con seguridad vendrá. Uno solo puede esperar recibir respuestas a las oraciones que están de acuerdo con la mente de Dios; e incluso entonces, la paciencia y la fe pueden ser ejercitadas por muchos años, así como la mía, son ejercitadas en el tema al cual me he referido; y todavía continúo diariamente en oración, con tanta seguridad esperando la respuesta, que muchas veces le he dado gracias a Dios porque sé que seguramente será concedida. Por diecinueve años, la fe y la paciencia han sido ejercitadas de esta manera. Tengan ánimo, queridos cristianos, y con nueva seriedad dedíquense a la oración, si pueden estar seguros de que lo que piden son cosas que son para la gloria de Dios.

Pero el punto más notable es este, que una entidad de Escocia, según lo que puede saberse hasta ahora, me proporcionó todos los medios necesarios para equipar y promover los nuevos hogares de huérfanos. Seis años y ocho meses, día tras día, y generalmente varias veces cada día, he pedido al Señor que me diera los recursos necesarios para esta ampliación de la obra del Orfanato, los cuales, según cálculos hechos en la primavera de 1861, parecían ser alrededor de cincuenta mil libras: el total de este monto lo he recibido ahora.

Alabo y magnifico al Señor por poner esta ampliación

de la obra en mi corazón, y por darme la fe y el valor para ello; y, sobre todo, por sostener cada día mi fe sin titubear. Cuando la última parte del dinero anterior fue recibida, no estaba seguro del total, porque estaba en el momento en que no había recibido ni una sola donación de esta gran suma de dinero.

En el principio, inmediatamente después de saber lo que Dios pensaba, yo esperaba en Él con mucha paciencia y con mucha meditación en mi corazón, tan plenamente seguro de que Él me lo daría, como si las dos casas, con sus cientos de huérfanos ocupándolas, ya hubieran estado delante de mí. Señalo algunas cosas aquí para que los creyentes nuevos, en relación con este tema:

1. No se apresuren en dar nuevos pasos en el servicio al Señor, o en sus negocios o en sus familias: Pesen bien todas las cosas; pesen todo en la luz de Las Santas Escrituras y en el temor de Dios.

2. Busquen no tener ningún deseo por cuenta propia, con el fin de saber lo que Dios piensa con respecto a cualquier paso que quieran dar, de tal manera que puedan honestamente decir que están dispuestos a hacer la voluntad de Dios.

3. Y cuando hayan descubierto cuál es la voluntad de Dios, busquen su ayuda, y búsquenla con seriedad, con perseverancia, con paciencia, en fe, y con expectativas; y seguramente en el tiempo y la forma de Dios, lo lograrán.

Suponer que tenemos dificultades con respecto al dinero, solo sería un error: allí se suceden cientos de otras necesidades y dificultades. Es raro que pase un día sin alguna de ellas; y a menudo hay muchas dificultades y muchas necesidades que deben ser suplidas y vencidas en el mismo día. Todo esto es solucionado por la oración y la fe, nuestro remedio universal; y nunca hemos sido confundidos. Con paciencia, con perseverancia, la oración de fe ofrecida a Dios en el nombre del Señor Jesús, siempre, tarde o temprano, ha traído la bendición. No me desespero, por la gracia de Dios, por obtener alguna bendición, con tal de que pueda estar seguro de que todo será para algún bien verdadero, y para la gloria de Dios".

Esperamos que este libro
haya sido de su agrado.
Para información o comentarios,
escríbanos a la dirección
que aparece debajo.

Muchas gracias.

PENIEL

info@peniel.com
www.peniel.com